Luce Irigaray

Este sexo que não é só um sexo

SEXUALIDADE E *STATUS* SOCIAL DA MULHER

Dados Internacionais de Catalogação na Publicação (CIP)
(Jeane Passos de Souza – CRB 8ª/6189)

Irigaray, Luce
　　Este sexo que não é só um sexo: sexualidade e status social da mulher / Luce Irigaray; tradução de Cecília Prada. -- São Paulo : Editora Senac São Paulo, 2017.

　　Título original: Ce sexe qui n'en est pas un
　　ISBN 978-85-396-1197-3

　　1. Mulheres – Psicologia 2. Mulheres - Psicanálise 3. Feminilidade (Filosofia) 4. Sexo (Psicologia) I. Título.

17-470s   CDD-155.633
                                                     BISAC PSY016000

Índice para catálogo sistemático:
　1. Mulheres – Psicologia   155.633

Luce Irigaray

Este sexo que não é só um sexo

SEXUALIDADE E *STATUS* SOCIAL DA MULHER

TRADUÇÃO: CECÍLIA PRADA

Editora Senac São Paulo – São Paulo – 2017

ADMINISTRAÇÃO REGIONAL DO SENAC NO ESTADO DE SÃO PAULO
Presidente do Conselho Regional: Abram Szajman
Diretor do Departamento Regional: Luiz Francisco de A. Salgado
Superintendente Universitário e de Desenvolvimento: Luiz Carlos Dourado

EDITORA SENAC SÃO PAULO
Conselho Editorial: Luiz Francisco de A. Salgado
Luiz Carlos Dourado
Darcio Sayad Maia
Lucila Mara Sbrana Sciotti
Jeane Passos de Souza

Gerente/Publisher: Jeane Passos de Souza (jpassos@sp.senac.br)
Coordenação Editorial: Márcia Cavalheiro Rodrigues de Almeida (mcavalhe@sp.senac.br)
Administrativo: Luís Américo Tousi Botelho (luis.tbotelho@sp.senac.br)
Comercial: pedido@sp.senac.br

Edição de Texto: Heloisa Hernandez e Luiz Guasco
Preparação de Texto: Heloisa Hernandez
Revisão Técnica: Rafael Kalaf Cossi
Revisão de Texto: Gabriela Lopes Adami (coord.)
Capa, Projeto Gráfico e Editoração Eletrônica: Veridiana Freitas
Imagem da capa: Iscatel57, iStockphoto
Impressão e Acabamento: Gráfica CS Eireli

Título original:
Ce sexe qui n'en est pas un
© 1977 por Les Éditions de Minuit

Proibida a reprodução sem autorização expressa.
Todos os direitos desta edição reservados à
Editora Senac São Paulo
Rua 24 de Maio, 208 – 3º andar – Centro
CEP 01041-000 – São Paulo – SP
Caixa Postal 1120 – CEP 01032-970
Tel. (11) 2187-4450 – Fax (11) 2187-4486
E-mail: editora@sp.senac.br
Home page: http://www.editorasenacsp.com.br

© Edição brasileira: Editora Senac São Paulo, 2017

SUMÁRIO

NOTA DA EDIÇÃO BRASILEIRA **07**

APRESENTAÇÃO À EDIÇÃO BRASILEIRA **09**

1. O ESPELHO, DO OUTRO LADO **15**

2. ESTE SEXO QUE NÃO É UM **31**

3. RETORNO À TEORIA PSICANALÍTICA **45**

4. O PODER DO DISCURSO: SUBORDINAÇÃO DO FEMININO **79**

5. COSÌ FAN TUTTI **99**

6. A "MECÂNICA" DOS FLUIDOS **121**

7. QUESTÕES **137**

8. O MERCADO DAS MULHERES **189**

9. AS MERCADORIAS ENTRE ELAS **213**

10. "FRANCESAS", NÃO FAÇAM MAIS UM ESFORÇO... **221**

11. QUANDO NOSSOS LÁBIOS SE FALAM **231**

NOTA DA
EDIÇÃO BRASILEIRA

Diretrizes políticas internacionais sendo definidas por mulheres, destaques femininos em modalidades esportivas antes só praticadas por homens, mulheres cujas ações ou pensamento se tornam referência mundial: a conquista de direitos fundamentais permitiu a elas a escolha e o desenvolvimento de suas potencialidades, sem restrições legais.

Ainda assim, preconceitos e casos de violência contra a mulher continuam sendo noticiados, o que não é exatamente antagônico: conforme Irigaray já apontava nesta obra, as lutas femininas rompem e confrontam com o fundamento patriarcal que rege a sociedade, consolidada historicamente por valores masculinos.

Nesse sentido, a autora propõe que as mulheres se conscientizem da condição compartilhada de exploração a que estão suscetíveis e se articulem politicamente, a fim de modificar o *status* social da mulher, reivindicando o reconhecimento da identidade ontológica do feminino e de seus respectivos direitos. Considerando a dificuldade de se atuar em um meio cujo acesso à linguagem é mediado por sistemas de representação masculinos, ressalta a necessidade de se reinterpretar a gramática geral da cultura, entendendo que a liberação das mulheres estaria vinculada à transformação da economia, da cultura e, particularmente, da linguagem, instância por meio da qual se constrói um discurso.

Com o intuito de estimular o debate sobre a identidade feminina e a presença da mulher na sociedade, o Senac São Paulo apresenta *Este sexo que não é só um sexo: sexualidade e* status *social da mulher*, obra que reúne textos de Luce Irigaray – autora considerada como um expoente do feminismo francês – publicados em jornais, revistas e livros no período de 1973 a 1976, traduzidos em língua portuguesa pela primeira vez, sob revisão técnica e conceitual do psicanalista Rafael Kalaf Cossi, especializado no tema.

APRESENTAÇÃO À EDIÇÃO BRASILEIRA

Luce Irigaray (1932) é figura central do feminismo francês. Seu trabalho, além de imerso na história da filosofia, indo dos pré-socráticos até os pós-estruturalistas, estabelece um diálogo tenso e de grande extensão com a psicanálise em um momento em que os estudos de gênero tendiam a privilegiar os campos sociológico e antropológico.

Questionar a espoliação da mulher, para ela, põe em xeque não só questões econômicas, culturais, morais e jurídicas, mas, sobretudo, a fundação de nossa ordem social sob a égide do sistema patriarcal e do monopólio da linguagem pelo homem. Prevalece a *economia do mesmo* e o *pensamento simétrico*, regido pela proporção, analogia e comparação. O homem, associado ao logos, é a medida das coisas e único sujeito passível de representação. Se a ele se acoplam atributos como clareza e racionalidade, às mulheres, o avesso: imprevisibilidade, incoerência e mistério. A ele o mundo das ideias e o universo discursivo; a ela, natureza e corpo.

Tal cenário teria sido construído como uma estratégia para manter o poder nas mãos dos homens, silenciando as mulheres. Ameaça combatida por meio da destituição de sua dignidade ontológica. Para Irigaray, o arcabouço teórico da psicanálise, herdeiro do discurso filosófico, teria sido formalizado a partir deste ardil – daí todo seu empenho em denunciar as supostas bases masculinas-opressoras presentes nos trabalhos de Freud e Lacan. Não à toa, a publicação de seu primeiro livro, *Speculum: de l'autre femme*, de 1974, que lhe concedeu notoriedade nos círculos feministas, acabou resultando na sua expulsão da Escola Freudiana de Paris e a impediu de dar continuidade ao ensino universitário que empreendia em Vincennes.

Irigaray denuncia que tanto o discurso filosófico quanto o psicanalítico teriam sido formatados pelo falogocentrismo, sistema que se apoia na lógica da presença: a diferença é concebida a partir da confrontação de pares de opostos, como yin/yang ou mente/corpo, e numa binaridade que impõe hierarquia e exclusão de um dos termos substancializados. Alicerce do patriarcado, a díade homem/mulher: ele é identificado com o significante fálico, único ordenador da sexualidade, enquanto ela funciona como exclusão constitutiva.

Inveja do pênis, superego fraco, continente negro, menor senso de justiça, não-toda, "A mulher não existe" são algumas de tantas expressões imputadas ao feminino e criticadas por Irigaray. A psicanálise trataria do feminino enquanto negatividade, e não em sua heterogeneidade. Sob os mesmos critérios de julgamento, a mulher é um não-homem, sua versão deficitária. Haveria, na psicanálise, espaço para a especificidade da mulher, lugar para abordá-la sob seus próprios termos, para além da redutora perspectiva masculina que lhe concede o *status* de objeto-enigma cujos sintomas são sua única forma de expressão? Que a limita e confina à maternidade e à mascarada, confecções fálicas? A psicanálise levaria em conta os aspectos históricos que participam do entendimento da diferença sexual ou se fiaria cegamente ao patriarcado universalizante do *Um* sexo?

Conceitos nucleares como o nome-do-pai, ou mesmo o falo, nunca completamente desvencilhado do pênis, para Irigaray, teriam sido forjados com referência indiscutível ao masculino. O pai é tomado como fundamento da lei e prescreve um ideal de gozo. Nesta conta, mesmo na vanguarda do lacanismo, o gozo da mulher é tido como fora da lei, "suplementar" à economia fálica e inarticulável à linguagem: nada é possível de ser dito sobre o mais próprio da mulher, *encore*.

Se na primeira onda do feminismo, que data do fim do século XIX e início do XX, denominada "feminismo da igualdade", reivindicava-se igualdade social e política com relação aos homens, na segunda, que foi até os anos 1980, o "feminismo das diferenças", focava-se a mulher em si mesma e suas diferenças tanto em relação aos homens quanto entre elas próprias. A terceira onda do feminismo, a partir dos anos 1990, clama pela legitimação de novos modelos de identidade, o que acaba pondo em xeque o *status* da própria noção de identidade para o movimento feminista.

No trânsito da segunda para a terceira onda, diferentes operações são concebidas pelo feminismo psicanalítico anglo-saxão e pelo feminismo psicanalítico francês em vias de derrocar o poder patriarcal. Enquanto o primeiro, sustentado pela teoria das relações de objeto, pretendia transformar a estrutura social a partir de reconfigurações da família, das relações de trabalho e da ideologia de gênero, o feminismo psicanalítico francês pregava predominantemente a atuação na linguagem e o (re)posicionamento da mulher no discurso.

Segundo Irigaray, se o discurso, sempre sexuado, acaba refletindo ou gerando padrões sociais e sexuais, a reversão do quadro de opressão do feminino só teria curso a partir da alteração da própria linguagem e de seu funcionamento. A estrutura sintática e gramatical da língua deve mudar: novas palavras devem ser inventadas, regras sintáticas devem ser desmanteladas, e códigos linguísticos, transgredidos. "Simbolização dos dois lábios", reparação da relação mãe-filha, incitação da *mimesis*, todo um arsenal revolucionário é erigido por Irigaray: fluido contra sólido, toque contra visão a sustentar o empreendimento do *falar-mulher*.

Não se trata de alimentar o "imaginário feminino" e proclamar traços que comporiam a edificação da identidade da mulher, muito menos de forjar meios de lhe dar voz dentro do patriarcado para fazer *como* um homem, já que assim cairíamos na armadilha falogocêntrica. Há de se abalar o próprio registro simbólico associado por Irigaray a uma lei inexorável que imputa a binaridade de gêneros e uma relação de parentesco ideal, heterossexual, que adota o Édipo como referência exclusiva e cujo caráter inflexível não permitiria transformações sociais.

Inscrever o gozo feminino no discurso faria com que o simbólico se desvencilhasse das garras do patriarcado. Se este simbólico segregador que impera, na ótica de Irigaray, é masculino, caberia pensar em um simbólico feminino?

Da conjetura de que o simbólico pode e deve ser remanejado decorre o projeto da *escrita feminina*, um tipo de escrita do gozo, do corpo da mulher, que pretenderia trazer consequências para o panorama político. Escrita que nunca se encaminharia na direção de uma significação fixa, roteiro patriarcal, mas guiada pela subversão na mira do novo. Há de se produzir a partir das lacunas da linguagem.

Dar vazão a um potencial inexplorado do simbólico permitiria, por exemplo, conceber outra maneira de se pensar a diferença, e na sequência a própria diferença sexual: sem pares de opostos, sem a díade hierarquizante homem/mulher. Outra topologia, outra relação entre espaço e tempo para um convívio congruente entre os sexos.

Contra o fortalecimento da fantasia glamourosa do "sem gênero", Irigaray defende uma política da diferença sexual. Assim como os corpos e os gozos são diferentes, os direitos a serem perseguidos devem ser apropriados a cada sexo, as leis não podem ser neutras. Mas não há como as mulheres se unirem e perseguirem tal objetivo sem uma representação apropriada que lhes permita entrar no discurso, sem uma revisão do uso de suas imagens e sem a reconsideração do valor da mulher transmitido entre elas. No meio feminista em que grande parte de suas teóricas e ativistas se limita a denunciar o caráter normativo das instituições, inclusive da psicanalítica, Irigaray tem a ousadia de ir além e propor meios de convulsioná-las, nunca sem a linguagem.

Primeiro livro da autora a, finalmente, ser traduzido para o português, *Este sexo que não é só um sexo* talvez seja sua obra mais representativa. É nela que inclusive se estabelece o duelo mais acirrado com Lacan. Mantivemos suas idiossincrasias, respeitamos seu estilo de redação, tão caros a Irigaray na sua proposta de aplicar à sua própria escrita sua inovação teórica. Assim o leitor pode experienciar o que ela "fala".

Rafael Kalaf Cossi

Psicanalista, psicólogo, mestre e doutorando em psicologia clínica pela USP

1

O ESPELHO, DO OUTRO LADO

... ela retomou: "Agora, finalmente, cheguei, de verdade! E agora, o que eu sou? Eu quero lembrar, se puder! Estou muito decidida a fazê-lo"! Mas estar bem decidida não a ajudou muito, e tudo o que encontrou para dizer, após refletir bastante, foi: "L..., eu sei que isso começa com um L...".

(Alice através do espelho)

Alice tem olhos azuis. E vermelhos. *Ao atravessar o espelho, ela abriu os olhos. Quanto ao resto, aparentemente ainda não sofreu violência. Vive sozinha na sua casa. É o que ela prefere, diz sua mãe. Ela só sai de casa para desempenhar seu papel de mestra. De escola, bem entendido. Onde escrevem, todo o tempo, fatos inalteráveis. Em branco e preto, em preto e branco, no quadro-negro ou na página do caderno. Sem modificações de cores, em todo caso. Essas são reservadas para quando Alice está sozinha.* Atrás da tela da representação. *Na casa ou no jardim.*

Mas, justamente, no momento em que a história poderia começar, recomeçar, "é outono". Seria preciso usar esse momento em que as coisas não estão totalmente estabelecidas, mortas, para que alguma coisa aconteça. Mas tudo foi esquecido: os "instrumentos de medidas", o "casaco", o "estojo" e, sobretudo, os "óculos". "Como se pode viver sem essas coisas?" Quem, até este momento, regulamentava os limites das propriedades, distinguia o que está fora do que está dentro, opunha o bem-visto ao malvisto. Permitia apreciar, reconhecer, o valor de tudo. E acomodar-se com isso, eventualmente.

Eis todos perdidos, sem seus marcos habituais. Onde está a diferença entre um amigo e amigo nenhum? Uma virgem e uma puta? Sua mulher e a mulher que se ama? A que se deseja e a com a qual se faz amor? Uma mulher e outra mulher? A proprietária da casa e a que usa a casa para seu prazer, que nela se encontra para o prazer? Em que casa e com qual mulher o amor aconteceu – ou aconteceria? E, aliás, qual é o tempo do amor? O do trabalho? Como definir seus respectivos valores? "Medir", tem ou não relação com o desejo? O prazer pode, ou não pode, ser medido, limitado, triangulado? Além do mais, "é outono", as cores mudam. Tornam-se vermelhas. Mesmo que não seja por muito tempo.

É esse o momento, sem dúvida, em que Alice deveria surpreender. Onde entrar em cena, ela própria. Com seus olhos violados. Azuis e vermelhos. Que conheciam o lugar, o verso e o reverso; o fluxo da deformação; o negro ou o branco da perda da identidade. Que esperam sempre que as aparências se metamorfoseiem, que um se transforme no outro, que já seja um outro. Mas Alice está na escola. Ela voltará para a ceia, que ela sempre come sozinha. Pelo menos é isso o que quer a sua mãe. A única que demonstra saber quem é Alice.

Portanto, precisamente às quatro horas, o agrimensor entra na casa dela. E como é preciso que um agrimensor tenha um pretexto para entrar na casa de alguém, ainda mais quando se trata da casa de uma dama, ele carrega um cesto com legumes. Vindos de parte de Lucien. Penetra assim na casa "dela", acobertado pelo nome, pelas vestes, pelo amor, por um outro. Pelo jeito, isso não parece perturbá-lo. Ele abre a porta, ela está telefonando. Ao seu noivo. Ele se introduz, ainda uma vez, entre eles, dois. Naquilo que está prestes a acontecer hoje, às quatro horas, entre uma mulher e um homem: uma ruptura. O relacionamento entre Lucien e Alice sendo mais um do tipo: ainda não. Ou nunca. Passado e futuro aparecem como submetidos a uma porção de circunstâncias. "Será que é isso, talvez, o amor?" Há também entre-dois alguns pares, mãe-Alice,

Lucien-Gladys, Alice-seu amigo ("ela já tem um amigo, o que já é suficiente"), grande-pequeno (agrimensores), que reatravessam a sua intervenção. Para não se falar no já exposto.

Será que ele realiza o seu trabalho? Ou será que começa a suspeitar, muito confusamente, de que ela não é simplesmente ela? Ele procura o fogo. Para mascarar essa desordem, ocupar essa ambiguidade. Distraí-la, no meio da fumaça. Se ela não vê o isqueiro – que, no entanto, está bem adiante dela –, chama-o para o primeiro quarto, onde se deve encontrar um instrumento de acender. A sua familiaridade com a casa suprime a angústia. Ele sobe. Ela lhe propõe gozar dela, como queira. Eles se separam no jardim. Um deles esqueceu "os seus óculos" debaixo do telefone, o outro "seu" boné sobre a cama. O "fogo" foi deslocado.

Ele volta para o seu local de trabalho. Ela, desaparece na natureza. Hoje é sábado ou é domingo? É um tempo de medições ou de amor? Desorientado, ele só tem um recurso: comer um salsichão. Um desejo bem imperioso, que o faz novamente sair, imediatamente.

Não se trata mais de salsichas, pelo menos por ora. Ele(s) se encontra(m) perto do jardim. Um homem amoroso e um homem amoroso de uma mulher que vive na casa. O primeiro pergunta ao segundo, ou antes o segundo pergunta ao primeiro, se pode ir (re)ver a mulher que ele ama. Começa a ter medo, e suplica que lhe permitam... Pós-fato.

O bom senso – próprio ou comum –, o sentido da propriedade *falta em Lucien. Ele dá, faz circular, sem contar. Boné, legumes, consentimento. Os seus? Os dos outros? Sua mulher? A mulher de um outro? É na dança que ele encontra seu bem. O que não exclui seu sofrimento quando outros se apossam dele. Em outros lugares.

Portanto, ele volta para casa. Está na hora do lanche. Ela... Ela? Quem (é) ela? Ela (é) uma outra... procura algo que possa acender. Onde está o fogo? Lá em cima, no quarto, diz amavelmente o agrimensor, o grandão. Feliz, enfim, de que um fato preciso, indubitável, constatável, se apresente. Que ele possa (se) provar por a + b, isto é, por I + I, isto é, por um elemento que se repete, idêntico a ele próprio, e, no entanto, que opera um deslocamento total, quer se trate de um encantamento ou de uma sequência. Em breve, de uma história. Vale dizer que é verdadeiro. Que ele já esteve ali. Que ele...? Que ela? Era? Não era? Ela.

Pois os legumes não justificarão mais nada. "Eu tive de comê-los." Qual "eu"? Só resta o "fogo". Mas ele não está lá, para demonstrar. E, se estivesse, nenhum vestígio do que se passou subsistiria. Quanto a certificar que o fogo passou daqui para lá, a afirmar que sabe onde ele está, agora, a designar o quarto de Alice como o único lugar onde é possível reencontrá-lo, tudo isso são pretensões que participam da "magia".

O ocultismo nunca agradou a Alice. Não que o inverossímil a surpreenda. Ela sabe mais disso do que qualquer outra pessoa no que se refere ao fabuloso, ao fantástico, ao incrível... mas, sempre, ela conhecerá aquilo de que fala. Ela terá assistido a todos os prodígios. Ela terá estado "no país das maravilhas". Ela não imaginou, simplesmente, ou "intuiu". Induziu, talvez? O que agora está mais distante. E separado por divisórias! Passar do outro lado do espelho é uma coisa inteiramente diferente.

De resto, esse senhor não traz no olhar as marcas de uma tal aventura. É tudo uma questão de nuances. É forçoso, portanto, que ele saia o mais depressa possível da casa. Ele não quer? Então ela é que irá, ela desertará. O lado de fora é um refúgio extraordinário. Principalmente nesta estação, com todas as suas cores. Ele também vem para o jardim. Bem perto dela. Não se tem mais o direito de estar só, então? Ir para onde, se a casa e o jardim estão abertos a todos os que passam? Aos agrimensores oniscientes, por exemplo. É preciso inventar bem depressa um abrigo que eles não conheçam. Aconchegar-se em um lugar que fuja aos seus cálculos, aos seus olhares, às suas investigações. À sua penetração. Onde?

Lucien sabe esperar, até mesmo durante muito tempo. Ele permanece pacientemente à beira da horta. Instalado fora da propriedade, *ele descasca*. *De preferência os talos de beterrabas, que fazem crescer as menininhas. E que as levam, insensivelmente, ao casamento. Com um grande cuidado ele prepara, de muito longe, um futuro. Improvável. Ele só descasca isso. Donde, talvez, sua vinda. Com as mãos vazias. Ele nem usa a estrada, como todo o mundo. Chega pelo gramado. Sempre um tanto inconveniente.*

Alice sorri. Lucien sorri. Eles sorriem um para o outro, cúmplices. Eles brincam. *Ela o presenteia com o boné. "O que dirá Gladys?" Que ele aceitou um presente de Alice? Que ela lhe ofereceu esse boné? "Libélula" cujo trajeto furtivo subtiliza no presente a identidade da presenteadora. Será que se é mais grato a quem* dobra *a possibilidade do gozo, ou a quem o oferece uma primeira vez? E quando se passa de uma à outra, como ainda as diferenciar? Saber onde se é si mesmo? Lucien se dá bem com a confusão. Está encantado. Já que é assim, que cada qual renuncie a ser simplesmente "eu mesmo", e que transponha todas as barreiras do meu, teu, dele, abandonando toda a reserva. Sob a aparência de não se ligar a nada, de ser pródigo desmesuradamente, ele se reserva um pequeno domínio. Precisamente, um* esconderijo. *Um refúgio, ainda pessoal, para quando tudo vai mal com todo mundo, quando as preocupações são demasiado pesadas. "Quando chove." Esse último bem, esse nada de próprio, é o que ele vai partilhar com Alice. Dissipar o seu caráter privado. É a uma espécie de porão que ele a conduz. Um lugar dissimulado, escondido, preservado. Um tanto sombrio. É isso o que Alice tentava encontrar? É o que ele procura? E, como tudo é secreto, eles cochicham no ouvido um do outro. Para rir, não para dizer alguma coisa. Mas Lucien sabe que o boné foi esquecido "em cima da cama". Esse fato particularmente irrita a sua constância. E traz sua precipitação. Como um eco, ele vai fazer seu ato fracassar. Baixinho, murmurando, em tom de confidência, ele não deixa de impor o que é.*

O que é? Para ele próprio? Para um outro? E quem é ele para descobrir assim o que aconteceria? Alice se imobiliza. Se fecha. Gelada.

Já que estamos falando dos direitos de cada qual ter o seu gozo, vamos passar pela casa do advogado. A consulta será feita fora da casa. Dentro, "a mulher escuta atrás das portas" – diz ele.

– "Eu fiz amor com uma moça, na casa de uma moça. O que é que eu arrisco?" – "Nada". Isso transborda de tudo o que se poderia imaginar. Tudo isso por nada. Gratuitamente. Nem mesmo a sombra de um perigo. De um castigo, de uma dívida. De uma perda. Como continuar a fazer medições, no meio de tais excessos? Ou então é preciso ter uma sequência. Para a história.

Retomemos: "Eu dormi com uma dama que não conheço, na casa de uma outra dama que eu não conheço. O que é que arrisco?" – "Quatro anos." – "Por que?" – "Violação de domicílio, maus tratos. Dois mais dois fazem quatro, $2x2= 4$, $2^2 = 4$. Quatro anos." – "Como evitar essa soma?" – "Isso depende das duas. De uma, de outra. Das duas, juntas. É preciso começar por identificar essas duas não unidades. Depois, passar às suas relações." – "Eu já descobri uma. A que se pode atingir pelo coeficiente casa." – "E daí?" – "Eu não posso juntar outras características, ela me recusa acesso à propriedade." – "Isso atrapalha. E a outra? A vagabunda, a errante: a unidade móvel?" – "Ela desapareceu na natureza." – "Então..." – "Poderia me ajudar a descobri-la?" – "Minha mulher ficará furiosa. Eu vou me sujar." – "Sou eu que o levarei, vou transferi-lo. Eu que carregarei o peso, que me sujarei." – "De acordo."

Mas onde, na natureza? É grande. Aqui? Lá? É preciso parar em algum lugar. E se a gente colocar um tanto bruscamente os pés na terra, forçosamente ele perceberá que está todo sujo. O que não devia absolutamente acontecer. – "O que vai dizer a minha mulher?" O que se pensará de um homem da lei que suja os pés? E quem, em última instância, proíbe a sujeira? O jurista? A mulher dele? Por que, uma vez mais, creditar ao outro o que se recusa imputar a si próprio? Porque isso poderia parecer um tanto repulsivo. O lado repugnante do homem honesto. De quem pretende ser honesto.

O agrimensor que veio, no entanto, para ficar bem com a lei, está desencorajado. Se a avaliação equivale, em números, a "quatro anos", ele calcula o mérito do advogado como "zero". É daí que deverá partir, novamente.

Lucien voltou para a casa de Gladys. Ele suspira. Ainda. Rigor em demasia o torna triste. Perdido. Olha indefinidamente, por trás de uma vidraça, a representação da cena. Esse não visto cuja existência fura o seu olhar. O sitia, fixa. Gladys fecha a porta da casa. Lucien fala. Enfim. – "Os canalhas, eles fizeram amor juntos." – "Quem fez amor, Lucien? Quem é um? Quem é o outro? E uma é bem o que você queria que ela fosse? O que você desejava?". As damas se misturam, *virgem e/ou puta*. A projeção de uma sobre a outra opera, insensivelmente. O problema *torna-se* legítimo. O gelo derrete, já quebrado. Onde é que se está? Tudo gira. Dança-se.

Música, portanto, para acompanhar, provocar, o ritmo. A orquestra vai tocar. *Em outro lugar, é claro. Vocês já começaram a notar que é sempre em* um outro cenário *que as coisas se realizam. Que a sua manifestação se satura até o ponto de exceder a simples evidência, a certeza. Visibilidade presente do acontecimento. Relato incessante do complemento do que se fomenta aqui até – onde? – do agora ao depois? – de um ao outro – quem? E inversamente. Duplicação, dobradura que se desdobra, sequências, imagens, enunciados, "sujeitos". Representação, pelo outro, dos projetos do um (uma). Que ele (ela) expõe, decalando-os.* Expropriação irredutível do desejo, pelo fato de sua impressão sobre e no outro. *Matriz, suporte, da possibilidade de sua repetição, e reprodução. O mesmo, e outro.*

O duo que se (re)produz atualmente tem como intérpretes a mãe de Alice e seu noivo. Os instrumentos são, claro, violoncelos. Pela primeira vez o terceiro, um dos terceiros, assiste à partida. Alice. Isolada, em um canto do cômodo – um terceiro quarto – ela parece escutar, ou olhar. Mas será que está bem ali? Ou pelo menos meio ausente. Ouvindo, olhando, também, o que vai acontecer. O que já se passou. Dentro e fora. Sem presumir o que define, de uma vez, um e outro. Uma diferença sempre se deslocando. Se "ela" sonha, "eu" devo sair? A sessão prossegue. Alguém se eclipsou. Um outro vai assegurar a substituição desse sujeito que falta. É suficiente, apenas, esperar.

Ele (re)abre a porta da casa. Escuta, olha. Mas seu papel é mais o de intervir. De subverter todos os casais, "caminhando entre eles". "As casas, as pessoas, os sentimentos." Para separá-los, eventualmente re-combiná-los. Após sua passagem, o lugar terá perdido o seu inverso. Talvez também o seu reverso. Mas "como pode se viver sem isso?". Com um único rosto, um único sentido. Um único plano. Sempre do mesmo lado do espelho. Essa superfície separa cada qual do seu outro, que bruscamente lhe aparece como se fosse totalmente um outro. Estranhamente desconhecido. Adverso, nefasto. Friamente um outro.

"Como pode se viver com isso?" – "Há cinco anos ela é cruel comigo!" – "Olha só para ele, com esse ar sempiternamente sinistro!" Mas, mesmo que Eugène acaricie o gato que teve o rabo cortado, mesmo que ele se desembarace jogando para o agrimensor todo o peso do único instrumento cuja introdução na casa ela tolera, ele é feroz. E se ela suspira, angustia-se, chora, já compreenderam que não está sempre alegre. Tentem, então, aconselhar um deles a ir embora já que a faz sofrer, e certamente ele deixará lá o seu instrumento, para ter certeza de que voltará. Digam à outra que ela não o ama, ou mais, e ela rirá. Mesmo se estiver triste. No entanto, vocês estavam lá – talvez por um instante, somente – com olhos que sabem olhar pelo menos para um certo aspecto da situação, e eles não se encontram mais lá. Eles não conseguem se reunir nunca mais. Será melhor que se separem. Em todo caso, pelo menos por hoje. Aliás, eles não se uniram nunca. Cada qual suportando o outro do outro. Esperando.

Alice está sozinha. Com o agrimensor, o grandão. O que fez amor com a mulher que ocupava a casa. E isso aconteceu mesmo na sua cama. Ela sabe, agora. No intervalo, ele também compreendeu um pouco do mal-entendido. – "Você se arrepende desse erro?" – "Não". – "Quer que a gente dissipe essa confusão?" – (...?) – "Quer isso?" – (...?) – Como diferenciá-los, na mesma atribuição?

Como me distinguir dela? Passando incessantemente para o outro lado, ser sempre outra, porque deste lado da tela das projeções deles, neste plano *de suas representações, eu não posso viver. Todas essas imagens, esses discursos, esses fantasmas, me paralisam, me fixam. Me congelam. Transida de frio, inclusive pela admiração deles, seus elogios, o que eles chamam de seu "amor". Ouçam só todos eles falarem sobre Alice: minha mãe, Eugène, Lucien, Gladys... Já entenderam que eles me repartem, visando o melhor para seus interesses. Portanto, não reconheço em mim nenhum "eu", ou então "eus" apropriados por eles, para eles, em função de suas necessidades, ou desejos. Ou este homem não diz o que ele quer – de mim. Eu me sinto perdida. Verdade que sempre estive perdida, mas não sentia isso. Ocupada a me adaptar a seus desejos. Porém, mais que semiausente. Do outro lado. Então, eis o que posso evocar da minha identidade: eu tenho o nome do meu pai, senhor Taillefer. Eu sempre morei nesta casa. Antes, com meu pai e minha mãe. Ele morreu. Desde então, vivo sozinha aqui. Minha mãe mora ao lado. E depois?...*

– "O que foi que ela fez em seguida?" Ela não é eu. Mas eu gostaria de ser "ela" para você. Por meio dela, talvez eu vá descobrir, enfim, o que "eu" poderia ser. – "Que foi que ela fez?" – "Ela subiu, para procurar fogo. Ela me chamou." – "Como você se chama?" – "Léon..." Eu vou subir, já que foi assim que ela se comportou. A única diferença que noto – por decisão? por engano? – será a de gritar o seu nome, de um outro quarto. O segundo. Ele chega, mas vai entrar no primeiro quarto. Será que vai se enganar novamente? Ou não se enganou nunca? Para que haja desprezo, seria preciso que uma delas seja "ela", e a outra, não. Pode-se identificar quem é "ela", ou não? O importante é, sem dúvida, que a cena se repita. Quase idêntica. Então, "ela" será única. Seja qual for a diversidade das vestimentas.

– "O que devo fazer, agora?" – "Não sei." – Alice ficou fora sozinha. Sozinha ela assistiu a todas as espécies de maravilhas. Ela ia e vinha de um lado a outro. Desse lado, ela só conhece coisas bem fictícias, obrigações bem artificiais. De alguma forma, escolares. As da escola maternal, comunitária. E lá, diante dele, ela não se sente como a amante. Mas ele não sabe. Não mais. Ele tira seu casaco, como ela fizera. E depois?...

– *"Devo tirar primeiro as peças de cima, depois as de baixo? Ou ao contrário? Ir de fora para dentro? Ou em sentido inverso?"* – (...?) E ela, por ter sido sempre misteriosa, por ter escondido tudo, e por ninguém a ter descoberto assim, ela acredita que basta simplesmente revirar tudo. De se expor, em sua nudez, para que possam, que ele possa, olhá-la, tocá-la, tomá-la.

– *"Você gosta?"* Será que ele sabe disso? O que isso quer dizer? Como designar a fonte do gozo? Por que se separar dela? E quem é, o que é, «ela», que lhe pede, mal transformada em sujeito, *de lhe dar certos atributos, de lhe reconhecer caracteres exclusivos?* Os cálculos, aparentemente, não lhe servem muito, no amor. Em todo caso, para o amor dela. Como medir, definir, realmente, *o que permanece* por trás do plano das projeções. *O que ultrapassa esses/seus limites.* Ainda válidos. Sem dúvida, ele pode gozar com aquilo que se produz, com quem se apresente, ou represente. Poderá mesmo estar no interior disso que é ainda concebível. Mas como ultrapassar esse horizonte? Desejar, sem poder fixar o ponto de vista? Visar o outro lado do espelho?

Lá fora, Alice, é noite. Não se vê nada. Não se pode mesmo caminhar em linha reta, ou ficar muito tempo de pé, na escuridão. Perde-se o equilíbrio. Não se mantém o prumo. No melhor dos casos, a gente se arrasta. – *"A gente manca, lá fora. Eu vou ver".*

A história *chega ao fim.* Virando e revirando dentro de uma muralha *que não será ultrapassada*, pelo menos durante o seu desenvolvimento: o espaço de algumas propriedades privadas. Um certo perímetro não será ultrapassado, um certo cúmulo, não excedido. O que teria obrigado a achar um outro estilo, um outro feitio. Seria preciso, pelo menos, ter dois *gêneros.* E mais. Para que se articulassem. Se juntassem. Mas em que momento? Em que lugar? E o segundo [gênero], então, não seria apenas o contrário do primeiro. Às vezes, mais frequentemente, o seu complemento. Mais ou menos adequado. Mais ou menos copulável. Só se trataria de um [gênero], finalmente. Unidade dividida em metades. Mais ou menos. Identificáveis, ou não. Cujas possibilidades de gozo não seriam nunca esgotadas. Deixando sempre um resto. Para trás. Para uma outra vez.

Enquanto isso, o caso se envenena, por ter atingido os limites de seu campo, de seu quadro presente. A sequência dos acontecimentos testemunha uma exacerbação crescente. Mas não se tem certeza de que isso não chegue a uma espécie de regressão. Ao recuo de cada qual para sua posição.

Quando chega o dia, o agrimensor, o grandão, pensa que convém tomar algumas medidas. Mesmo que, enfim, seja domingo. Não conseguindo fazer isso sozinho, ele telefona para o pequeno, para que vá procurar o seu casaco, que ele não esqueceu na casa de Alice. Só para poder se situar. Se explicar. Diminuir os riscos. De uma culpabilização... Ele o leva, no seu carro, até perto da casa. E ficará esperando no bistrô, onde volta a encontrar Lucien. As coisas vão mal entre eles. Começam a se insultar: "cretino", diz quem já se sabe, "mal-educado", vindo do mais tímido, que no entanto será admoestado por causa desse insulto insignificante. É que Léon não está para brincadeiras com as regras, tão necessárias no seu ofício. Alice não está com o casaco, no entanto ela o guardará [se achar]. Porque ela quer revê-lo. – "Por que quer?" – "Por quê?" – "Para ficar vivendo aqui." – Mas você não pode compreender o que se passa. Você não pode ver nada. Ou muito pouco. Ora, justamente, ele acaba de perceber um elemento determinante para ter uma ideia clara dos fatos: os óculos esquecidos (?) por Ann debaixo do telefone. Ela os coloca. Sorri. "Como se pode viver sem isso?" É preciso devolvê-los a Léon, que não é seu dono. Pois todo mundo, e particularmente Léon e Alice, deveriam usar óculos, quando se trata de um acontecimento verdadeiramente importante. Isso os ajudaria a arrumar a situação, ou ao contrário. Em seguida, eles jogariam fora os óculos. Foi isso certamente o que Ann fez. O pequeno Max entrega os óculos a Léon, enquanto Alice telefona para ele vir buscá-los em sua casa, porque tem medo de quebrá-los: tudo o que é de vidro é frágil, para ela. Léon descobre o mistério do desaparecimento de Ann. Ela não podia viver sem os óculos. Ele vai até a delegacia de polícia e confessa tudo. O policial não compreende nada. Essa é ainda uma questão de ótica. Ele não vê motivo para ser rigoroso, ou para a culpabilidade, ou para a possibilidade a fortiori de reparação. Mas está pronto a se demitir de suas funções, entregando-as a um especialista. Interdição, portanto, para Léon, de se penitenciar de sua pena. Cada vez mais abatido, ele volta para ela, uma delas, a quem ele agora se entrega como se fosse a um juiz. Ann já chegou antes dele, de bicicleta.

Sempre a procurando, Alice faz Ann contar o que se passou. Ela afirma, evidentemente, que foi a mesma coisa com ela. E para provar que ela é bem "ela", Alice antecipa Ann, quanto ao resto do relato. Ela diz o que acontece quando tudo se acaba. O que já lhe aconteceu no dia de amanhã, que para ela ainda não aconteceu. Que está tudo bem com o amor, uma vez, mas que, antes de mais nada, não se deveria recomeçar. Que ele arrisca tornar-se um tanto inoportuno com a sua tendência a repetir tudo.

Quem falou? Em nome de quem? A suplicante, não se tem certeza de que ela não tente também suplantá-la. Ser ainda mais do que "ela". De onde o apêndice que ajunta ao que aconteceria: "Ele deseja mesmo ter um filho comigo". Elas se calam, diferentemente confundidas.

É nesse instante, com certeza, que o agrimensor vai intervir. Mas como separá-las? Quem é esta? Quem é aquela? Não sendo elas a soma de duas unidades, por onde se deve passar, entre elas?

Elas se levantam, as duas, para responder a ele. Mas Ann sabe agir melhor. É ela que irá dizer a ele o que elas pensam. Elas? Ou ela? Qual delas? "Uma, ou a outra, as duas, ou nenhuma das duas". – "É você!" – "Sou eu". Ela está ali, diante de mim, como se nada houvesse acontecido. Será que eu inventei, então, tudo o que devia lhe acontecer? Tudo o que ela era? – "Eu não quero mais rever você". É demais. No momento em que ela está finalmente presente, onde esse (re)ver poderia ser consertado, talvez, por um reconhecer, ela pretende desaparecer logo. – "E Alice?" – "Não está mais." Nem uma nem a outra. Nenhuma das duas. E nunca mais as duas, juntas ou separadas. Como tolerar que ela se negue assim? Atrás. A porta da casa, por exemplo. – "Imbecis, vocês me reverão ainda, ouvirão ainda falar de mim. Eu voltarei com grandes máquinas, nivelarei, destruirei. A casa, o jardim. Tudo."

Os olhos de Alice piscam. Lentamente, várias vezes. Ela vai, sem dúvida, voltar a fechá-los. Revirá-los. Mas, antes de que as pálpebras voltem a se fechar, vocês já terão visto que os olhos estavam vermelhos.

E já que não se trata aqui simplesmente do filme de Michel Soutter,* nem de outra coisa. Além de ela não ter jamais um nome "próprio", de estar à vontade "no país das maravilhas", mesmo que não tenha direito à existência pública senão sob a caução do nome do Senhor X. Então, para que se possa pegá-la, ou deixá-la sem a nomear, esquecê-la sem mesmo a haver identificado, "eu" – quem? – permanecerá minúsculo. Digamos:

"Alice" debaixo da terra.

---

* "Les Arpenteurs" ["Os agrimensores"], cujo argumento seria: Alice vive sozinha na casa da sua infância, desde a morte de seu pai. Sua mãe mora ao lado. Na mesma pequena aldeia vivem Lucien e Gladys. Há também Ann, da qual nada se sabe, a não ser que ela faz amor. E Eugène, o amigo de Alice, que somente toca violoncelo. Uma autoestrada deve atravessar a aldeia. Chegam, portanto, dois agrimensores – Léon e Max. Mas medir terras é "andar em grandes passadas entre as casas, as pessoas e os sentimentos". (Nota da Autora)

2
ESTE SEXO QUE NÃO É UM

A sexualidade feminina sempre foi pensada a partir de parâmetros masculinos. Assim, a oposição de atividade clitoridiana/"viril" e passividade vaginal/"feminina" – da qual falava Freud e também muitos outros – como etapas, ou alternativas, do que seria tornar-se uma mulher sexualmente "normal" parece ser um tanto baseada na prática da sexualidade masculina. Pois o clitóris é concebido como um pequeno pênis agradável de se masturbar enquanto a angústia da castração não existe (para o menino), e a vagina se valoriza ao oferecer um "local" para o sexo masculino, quando o uso da mão é proibido e torna-se necessário encontrar um outro caminho para o prazer.

As zonas erógenas da mulher não seriam mais do que um sexo-clitóris que não pode ser comparado com o valoroso órgão fálico; ou então um buraco-envelope que envolve e se esfrega em torno do pênis, no coito: um não-sexo, ou um sexo masculino enrolado em volta de si próprio, para se autoafetar.*

* O termo empregado por Irigaray aqui é *s'auto-affecter*. Optamos por esta tradução porque evoca rapidamente a ideia de algo que podemos provocar em nós mesmos e de afeto. A tradução inglesa é *self-caressing*, que alude a "acariciar-se". (Nota do Editor)

Da mulher e de seu prazer, nada é dito, em tal concepção da relação sexual. Seu destino seria o da "falta", da "atrofia" (do sexo) e da "inveja do pênis" em relação ao único sexo reconhecido como válido. Ela tentaria, portanto, apropriar-se dele, de todos os meios: pelo seu amor um pouco servil do pai-marido suscetível de dar a ela, pelo seu desejo de ter um filho-pênis, de preferência um menino, pelo acesso aos valores culturais de direito, ainda reservados somente aos machos e, por isso mesmo, sempre masculinos, etc. A mulher não viveria o seu desejo senão como uma espera de poder enfim possuir algo equivalente ao sexo masculino.

Ora, tudo isso parece ser muito estranho ao seu gozo, a não ser no caso de ela não sair da economia fálica dominante. Assim, por exemplo, o autoerotismo da mulher é muito diferente do autoerotismo do homem. Este tem necessidade de um instrumento para se tocar: sua mão, o sexo da mulher, a linguagem... E essa autoafetação exige um mínimo de atividade. A mulher se toca sozinha, e nela mesma, sem a necessidade de uma mediação, e antes de toda separação possível entre atividade e passividade. A mulher "se toca" o tempo todo, aliás sem que seja possível proibi-la de o fazer, já que o seu sexo é constituído por dois lábios que continuamente se beijam. Desse modo, ela já é duas – não divisíveis em um (umas) – que se afetam.

A suspensão desse autoerotismo opera-se de forma violenta: o afastamento brutal desses dois lábios por um pênis violentador. O que desloca e desveste a mulher dessa "autoafetação" da qual tem necessidade para que não aconteça o desaparecimento do seu prazer na relação sexual. Se a vagina deve deslocar, *também e não unicamente,* a mão do menino, para assegurar uma articulação entre o autoerotismo e o heteroerotismo no coito – o encontro com o outro todo significando sempre a morte –, como se procederia, na representação clássica da sexualidade, a perpetuação do autoerotismo para a mulher? Será que ela não teria de fazer a escolha impossível entre uma virgindade defensiva, ferozmente fechada em si mesma, e um corpo aberto para a penetração e que não mais conheça, nesse "buraco" que seria seu sexo, o prazer do seu "tocar-se"? A atenção quase exclusiva – e tão angustiada... – dispensada à ereção na sexualidade ocidental prova a que ponto é estranho ao feminino o imaginário que o controla. Não há, em relação a isso, em grande parte, senão imperativos ditados pela rivalidade entre os machos: o mais "forte" sendo aquele que "força mais", que tem o pênis mais longo, maior, mais duro, ou que "mija mais longe" (como brincam os meninos). Ou ainda pelo jogo estabelecido por fantasias sadomasoquistas que são comandados pela relação do homem com sua mãe: desejo de forçar, de penetrar, de se apropriar do mistério desse ventre onde se foi concebido o segredo de sua concepção, de sua "origem". Desejo-necessidade, também, de tornar a fazer correr o sangue para reviver uma relação muito arcaica com o elemento maternal – sem dúvida intrauterino mas também pré-histórico.

Nesse imaginário sexual, a mulher não é senão o suporte, mais ou menos complacente, da atuação das fantasias do homem. É possível, e até certo, que ela encontre nisso, por procuração, um gozo. Antes de mais nada, porém, esse gozo é prostituição masoquista do seu corpo a um desejo que não é o seu – o que faz com que ela fique no estado, bem conhecido, de dependência do homem. Não sabendo o que quer, disposta a qualquer coisa e até mesmo pedindo a sua repetição, contanto que o homem a "tome" como "objeto" de exercício de seu próprio prazer. Portanto, ela não dirá o que ela própria deseja. Aliás, ela não sabe – ou, antes, não sabe mais – o que quer. Como confessa Freud, o que se refere ao início da vida sexual da menina é tão "obscuro", tão "apagado pelos anos", que seria preciso, por assim dizer, cavar a terra muito profundamente para se reencontrar por trás dos traços desta civilização, desta história, os vestígios de uma civilização, mais arcaica, capazes de nos dar alguns indícios do que seria a sexualidade da mulher. Essa civilização muito antiga não teria certamente a mesma linguagem, o mesmo alfabeto... o desejo da mulher não falaria a mesma língua que o do homem, e teria estado recoberto pela lógica que domina o Ocidente desde os gregos.

Nessa lógica, a prevalência do olhar e da discriminação formal, da individualização da forma, é particularmente estranha ao erotismo feminino. A mulher goza mais com o toque do que com o olhar, e a sua entrada em uma economia escópica significa, ainda, uma designação dela própria à passividade: ela seria o belo objeto a ser olhado. Se o seu corpo encontra-se erotizado dessa maneira e solicitado a fazer um movimento duplo de exibição e de reserva pudica para excitar as pulsões do "sujeito", seu sexo representa *o horror do nada para se ver*. Uma falha nessa sistemática da representação e do desejo. "Buraco", em seu objetivo escopofílico. Que esse *nada para se ver* deva ser excluído, rejeitado dessa cena de representação, é o que já pode ser notado na estatuária grega. O sexo da mulher está simplesmente ausente nela: mascarado, recosturado em sua "fenda".

Esse sexo que não é dado a ver não tem, também, uma forma própria. E se a mulher goza justamente com essa incompletude formal de seu sexo, que faz com que ele próprio continue a se tocar indefinidamente, esse gozo é negado por uma civilização que privilegia o falomorfismo. O valor concedido à única forma que é definida bloqueia aquela que se refere ao autoerotismo feminino. O *um* da forma, do indivíduo, do sexo, do nome próprio, do sentido próprio... suplanta, separando e dividindo, esse toque de *pelo menos dois* (lábios) que mantêm a mulher em contato com ela mesma, mas sem discriminação possível daquilo que se toca.

Daí o mistério representado por ela em uma cultura que tem a pretensão de enumerar tudo, de tudo classificar por unidades, de inventariar tudo por individualidades. *Ela não é nem uma nem duas.* Não se pode, rigorosamente, determiná-la como uma pessoa, e muito menos ainda como duas. Ela resiste a toda definição adequada. Aliás, ela nem sequer tem um nome "próprio".

E seu sexo, que não é *um* sexo, é contado como não-sexo. Negativo, avesso, reverso do único sexo visível e morfologicamente designável (mesmo que isso coloque alguns problemas de passagem da ereção à detumescência): o pênis.

Mas a "espessura" dessa "forma", o seu "desfolhamento" como volume, o fato de se tornar maior ou menor, e ainda o espaçamento dos momentos em que isso ocorre, são guardados como segredo pelo feminino. Sem saber. E se é pedido à mulher que ela entretenha, reanime o desejo do homem, negligencia-se focar o que isso implica como valor ao próprio desejo dela. Desejo que ela, aliás, não conhece – pelo menos explicitamente. Mas cujas força e continuidade são suscetíveis de realimentar durante muito tempo todas as mascaradas de "feminilidade" que se espera dela.

É verdade que ainda sobra à mulher a criança – em relação à qual o seu apetite de tato, de contato, permite-se fluir livremente, a não ser que não tenha sido já perdido, alienado no tabu do toque de uma civilização intensamente obsessiva. Se isso não tiver acontecido, o seu prazer encontrará no bebê compensações e derivativos às frustrações que ela encontra muito frequentemente nas relações sexuais de senso estrito. Assim, a maternidade supre as carências de uma sexualidade feminina reprimida. Será que o homem e a mulher não se acariciariam mais, a não ser por essa mediação representada entre eles pela criança? De preferência filho-homem. Identificado com o filho, o homem retorna ao prazer do carinho materno; a mulher volta a se tocar, acariciando essa parte de seu corpo: o seu bebê-pênis-clitóris.

Já foi muito denunciado o que isso acarreta para o trio amoroso. Mas a interdição edipiana parece uma lei um tanto formal e factícia – o meio, no entanto, de perpetuar o discurso autoritário dos pais – quando ela é estabelecida em uma cultura na qual a relação sexual é impraticável, pelo estranhamento do desejo do homem e da mulher entre si. E no qual um (uma) e outro devem tentar se reunir por algum meio: o arcaico de uma relação sensível ao corpo da mãe; ou o atual, da prorrogação ativa ou passiva da lei do pai. Comportamentos afetivos regressivos, trocas de palavras sexuais demasiado abstratas para que não se constituam em um exílio em relação ao sexo: a mãe e o pai dominam o funcionamento do casal, mas como se estivessem apenas desempenhando papéis sociais. A divisão do trabalho impede que eles façam amor. Eles produzem ou reproduzem. Não sabendo muito bem como poderão utilizar seu lazer. Por menos que usufruam dele ou como o lazer que gostariam muito de ter. O que fazer? Que suplência inventar ao recurso amoroso? Ainda...

Voltar, talvez, ao reprimido no imaginário feminino? Logo, a mulher não tem um sexo. Ela tem pelo menos dois, mas não podem ser identificados individualmente. Aliás, ela tem mais deles. Sua sexualidade, sempre pelo menos dupla, é ainda *plural*. Culturalmente, o que se quer, hoje? Há textos sendo escritos sobre isso? Sem saber bem de que tipo de censura se ressentem? Realmente, o prazer da mulher não deve escolher entre atividade clitoridiana e passividade vaginal, por exemplo. O prazer da carícia vaginal não deve se substituir ao da carícia clitoridiana. Um concorre com o outro de maneira insubstituível para o prazer da mulher. Entre outras coisas... A carícia dos seios, o toque vulvar, o entreabrir dos lábios genitais, o vai-e-vem de uma pressão exercida sobre a parede posterior da vagina, o roçar no colo do útero, etc. – para não evocar senão alguns dos prazeres mais especificamente femininos. E que são um tanto desconhecidos segundo o que se imagina na diferença dos sexos. Ou então que não são imaginados: já que o "outro" sexo é visto unicamente como o complemento do "único" sexo.

Ora, *a mulher tem sexos um pouco em todos os lugares*. O seu gozo processa-se em vários lugares. Sem falarmos da histerização de todo o corpo, a geografia de seu prazer é bem mais diversificada, múltipla em suas diferenças, complexa, sutil, do que se imagina... em um imaginário um tanto demasiadamente centrado sobre o mesmo.

"Ela" é indefinidamente outra, em si mesma. Daí vem, sem dúvida, que seja definida como fantasiosa, incompreensível, agitada, caprichosa... Sem chegar a evocar a sua linguagem, na qual ela "parte" em todas as direções, sem que "ele" encontre alguma coerência, sentido algum. Palavras contraditórias, um tanto loucas pela lógica racional, inaudíveis para que possam ser escutadas seguindo os esquemas prontos, um código já todo preparado. É que no que ela diz também – pelo menos quando ela ousa –, a mulher se toca todo o tempo. Ela apenas se afasta de si com um balbucio, uma exclamação, uma meia-confidência, uma frase deixada em suspenso... quando ela retorna, é para partir em outra direção. A partir de um ponto de prazer, ou de dor. Seria preciso ouvi-la com outro ouvido, como *"'um outro sentido' sempre prestes a se tecer, a se abraçar com as palavras, mas também capaz de desfazer-se dele, para não se fixar, não parar nele"*. Pois se "ela" diz isso, isso não é mais idêntico ao que ela queria dizer. Não é jamais idêntico a nada, aliás, é mais contíguo. *Isso toca (em)*. E quando isso se afasta demais dessa proximidade, ela corta e recomeça do "zero": seu corpo-sexo.

É inútil, portanto, tentar colocar armadilhas para que as mulheres definam exatamente o que querem dizer, fazê-las se repetirem para que tudo fique esclarecido; elas já estão longe dessa maquinária discursiva na qual vocês gostariam de surpreendê-las. Elas se voltaram para elas próprias. O que não pode ser entendido assim como vocês entendem. Elas não têm a interioridade de vocês, e que talvez vocês lhes atribuam. Nelas mesmas, isso quer dizer: *na intimidade desse tato silencioso, múltiplo, difuso*. E se vocês insistirem em perguntar sobre o que pensam, só poderão responder: em nada. Em tudo.

Assim, o que elas desejam não é precisamente nada, e ao mesmo tempo é tudo. Sempre mais, e outra coisa que esse *um* – de sexo, por exemplo – que vocês dão a elas, ou emprestam. O que frequentemente é interpretado, temido, como uma espécie de fome insaciável, uma voracidade que vai enguli-los inteiros. Então, trata-se sobretudo de uma outra economia, que desvia a linearidade de um projeto, confunde o objeto-meta de um desejo, faz explodir a polarização sobre um único gozo, desordena a fidelidade a um único discurso...

Esse múltiplo do desejo e da linguagem feminina deve ser entendido como clarões, vestígios esparsos de uma sexualidade violada? Negada? Essa é uma questão que não pode ser simplesmente respondida. A rejeição, a exclusão de um imaginário feminino certamente coloca a mulher em uma posição de apenas poder experenciar-se fragmentariamente, nas bordas pouco estruturadas de uma ideologia dominante, como dejetos, ou excessos, de um espelho do qual se apossou o "sujeito" (masculino) para nele se refletir, redobrar-se. O papel da "feminilidade" é, aliás, prescrito por essa especula(riza)ção masculina e corresponde muito pouco ao desejo da mulher, que só seria recuperado secretamente, às escondidas, de uma maneira inquieta e culpada.

Mas, se o imaginário feminino conseguisse se desenvolver, se pudesse funcionar sem essa fragmentação, sem esses escombros privados de conexão, será que conseguiria com isso se representar sob a forma de *um* universo? Seria ele um volume, mais do que uma superfície? Não. A não ser que fosse entendido, mais uma vez, como o privilégio do maternal sobre o feminino. Aliás, de um maternalismo fálico. Fechado sobre a posse ciumenta de seu valioso produto. Rivalizando com o homem na avaliação de um excedente produtivo. Nessa corrida ao poder, a mulher perde a singularidade do seu gozo. Fechando-se em volume, ela renuncia ao prazer que lhe vem da *não sutura de seus lábios*: mãe, sem dúvida, mas virgem – esse é o papel que lhe vem sendo atribuído pelas mitologias, há muito tempo. Reconhecendo nele um certo poder social, com a condição de que ela seja reduzida, com a sua própria cumplicidade, à impotência sexual.

Portanto, (re)encontrar-se, para uma mulher, não poderia significar senão a possibilidade de não sacrificar nenhum de seus prazeres a um outro, e de não se identificar com nenhum em particular – de *não ser nunca simplesmente uma*. Uma espécie de universo em expansão, ao qual nenhum limite poderia ser fixado, não havendo, assim, qualquer incoerência. Nem seria essa perversão polimorfa da criança na qual as zonas erógenas estariam à espera de seu reagrupamento sob o primado do falo.

A mulher permaneceria sempre como "várias", mas salva da dispersão, pois que o outro já está nela e lhe é autoeroticamente familiar. O que não quer dizer que ela se apropria dele, que o reduz a propriedade sua. O que é próprio – a propriedade, portanto – são coisas sem dúvida bem estranhas ao feminino. Pelo menos sexualmente. Mas não *o que está próximo*. Tão próximo que qualquer discriminação de identidade torna-se impossível. Portanto, toda a forma de propriedade. A mulher goza de algo *tão próximo que ela não o pode ter, e nem pode se ter*. Ela entra em uma situação de troca incessante com o outro na qual nenhuma identificação é possível, nem de um nem de outro. O que questiona toda a economia em curso, que o gozo da mulher desafia irremediavelmente, nos seus cálculos: crescendo indefinidamente pela sua passagem *de* e *por* um outro.

Mas, para que a mulher atinja o ponto em que pode gozar como mulher, é certamente necessário que se faça um longo desvio pela análise dos diversos sistemas de opressão exercidos sobre ela. E pretender recorrer à única solução do prazer põe em risco fazer-lhe faltar o que o *seu* gozo exige como reatravessado por uma prática social.

Pois a mulher tem tradicionalmente um valor de uso para o homem, e um valor de troca entre os homens. Mercadoria, portanto. O que a deixa como guardiã da matéria, cujo preço será estimado segundo seu trabalho e necessidade-desejo pelos "sujeitos": trabalhadores, mercadores, consumidores. As mulheres são marcadas falicamente pelos seus pais, maridos, proxenetas. E essa estampagem decide o seu valor no comércio sexual. A mulher não seria nunca senão o lugar de uma troca, mais ou menos rival, entre dois homens, inclusive em relação à posse da terra-mãe.

Como poderia esse objeto de transação reivindicar um direito ao prazer sem sair do comércio estabelecido? Como essa mercadoria poderia ter, em relação às outras mercadorias, uma atitude diferente de um ciúme agressivo sobre o mercado? Como poderia a matéria gozar dela mesma sem provocar no consumidor a angústia do desaparecimento de seu solo nutridor? Como esse objeto de troca, que de forma alguma pode ser definido nos "próprios" termos do desejo da mulher, não pareceria mera ilusão, loucura, rapidamente obscurecido por um discurso mais sensato e um sistema de valores aparentemente mais tangíveis?

A evolução, por mais radical que seja, de uma mulher, não bastaria, portanto, para liberar o seu desejo. E nenhuma teoria ou prática política conseguiram até hoje resolver, e nem mesmo levar em conta suficientemente, esse problema histórico, ainda que o marxismo tenha anunciado a sua importância. Mas as mulheres não formam uma classe, no sentido estrito, e a sua dispersão em várias torna o seu combate político complexo e as suas reivindicações, muitas vezes, contraditórias.

Permanece, no entanto, a sua condição de subdesenvolvimento, vinda de sua submissão por e a uma cultura que as oprime, as utiliza, as transforma em "moeda", sem que elas tirem proveito disso – a não ser no quase--monopólio do prazer masoquista, do trabalho doméstico e da reprodução. Poderes de escravas? Que, aliás, não são poderes desprezíveis. Pois, no que se refere ao prazer, o senhor não é forçosamente bem servido. Portanto, inverter a relação, sobretudo na economia do sexual, não parece ser um objetivo almejável.

Mas se as mulheres devem preservar e desenvolver o seu autoerotismo, a sua homossexualidade, a renúncia ao gozo heterossexual não corre o risco de corresponder ainda a essa amputação de potência que é tradicionalmente a sua? Um novo encarceramento, uma nova clausura, que elas construiriam com uma total concordância? Que elas façam greves táticas, que elas se mantenham afastadas dos homens o tempo suficiente para aprenderem a defender o seu próprio desejo principalmente por meio da palavra, que elas descubram o amor das outras mulheres protegendo-se da escolha imperiosa dos machos que as coloca em posição de mercadorias rivais, que elas fabriquem um estatuto social que force o seu reconhecimento, que elas ganhem sua vida para sair de sua condição de prostitutas... certamente todas essas são etapas indispensáveis para que saiam de sua proletarização no mercado das trocas. Mas, se o seu projeto visasse simplesmente inverter a ordem das coisas – admitindo que isso fosse possível... –, a história finalmente retornaria ao mesmo. Ao falocratismo. Nem o seu sexo, nem o seu imaginário, nem a sua linguagem (re)encontrariam nisso a sua realização.

3

RETORNO À
TEORIA PSICANALÍTICA

A TEORIA FREUDIANA

ORGANIZAÇÃO LIBIDINAL DOS ESTÁGIOS PRÉ-EDIPIANOS

"Os indivíduos dos dois sexos parecem atravessar da mesma maneira os primeiros estágios da libido. Contra toda expectativa, a menina, no estágio sádico-anal, não demonstra uma agressividade menor do que a do menino... Desde o início da fase fálica, as similitudes são infinitamente mais marcadas do que as divergências. Devemos admitir que *a menina é então um homenzinho*. Como sabemos, o menino, chegado a este estágio, aprende a procurar, graças ao seu pequeno pênis, sensações voluptuosas, e essa excitação se relaciona com certas representações das relações sexuais. A menina usa, com a mesma finalidade, o seu *clitóris*, ainda menor. Parece que nela todos os atos masturbatórios concernem a esse *equivalente do pênis,* e que, para os dois sexos, *a vagina, especificamente feminina,* permanece *não descoberta ainda.*"[1]*

---

* Trecho destacado por mim. As chamadas de notas numeradas remetem às referências bibliográficas que estão no final deste capítulo. (N. A.)

Para Freud, as primeiras fases do desenvolvimento sexual se processam de modo idêntico no menino e na menina. O que se justifica pelo fato de as zonas erógenas serem as mesmas e desempenharem um papel semelhante: fontes de excitação e de satisfação das pulsões ditas "parciais". Essas zonas erógenas são, de modo privilegiado, a boca e o ânus, mas também os órgãos genitais que, se eles ainda não subordinaram todas as pulsões parciais à "função sexual" ou função reprodutora, intervêm eles próprios como zona erógena, notavelmente na masturbação.

O PRIMADO DO ÓRGÃO MASCULINO

Parece não ser um problema para Freud que a *boca* ou o *ânus* sejam "neutros" do ponto de vista da diferença dos sexos. Quanto à identidade das próprias zonas genitais ele diria, baseando-se na biologia e em suas observações analíticas, que para a menininha *unicamente o clitóris está em jogo* durante o período do seu desenvolvimento sexual, e que o clitóris pode ser considerado como um *pênis mutilado,* um "pênis menor", um "vestígio embriológico que prova a natureza bissexual da mulher", uma "zona erógena semelhante à que se encontra na glande". A menina seria, então, um homenzinho, e todas as suas pulsões e seus prazeres sexuais, particularmente masturbatórios, seriam na realidade "viris".

Esses enunciados são desenvolvidos, entre outros, nos *Trois essais sur la théorie de la sexualité (Três ensaios sobre a teoria da sexualidade),*[2] em que se afirma que *a hipótese de um único e mesmo aparelho genital – o órgão masculino – é fundamental para se descrever a economia sexual infantil dos dois sexos.* Em consequência disso, Freud sustentava que *a libido é sempre masculina,* que ela se manifesta tanto no homem como na mulher, quer o objeto desejado seja homem, quer seja mulher. Nessa concepção, relativa tanto ao primado do pênis quanto ao caráter forçosamente masculino da libido, preside, como veremos, a problemática da castração tal como foi desenvolvida por Freud. Antes de examiná-la, precisamos nos deter sobre algumas implicações desse "início" do processo de tornar-se mulher.

CONSEQUÊNCIAS PARA A GENITALIDADE INFANTIL DA MENINA

Segundo Freud, a menina pequena não é menos dotada de energia em suas pulsões parciais do que o menino. E, por exemplo, "seus impulsos agressivos não são menos vivos, ou menos numerosos";[1] da mesma forma, pôde-se observar "a incrível atividade fálica da menina pequena".[1] Ora, para que se processe a "feminilidade", uma repressão muito maior de suas pulsões será exigida dela, e, principalmente, a transformação de sua "atividade" sexual no seu oposto: a "passividade". Assim, as pulsões parciais – em particular as sádico-anais e também as escotofílicas – mais insistentes irão também finalmente se repartir em uma harmoniosa complementaridade: a tendência à apropriação encontrará seu complemento no desejo de ser possuída, o prazer de fazer sofrer (será complementado pelo) masoquismo feminino, o desejo de ver pelas "máscaras" e o pudor que evocam a ânsia de se exibir, etc. A diferença dos sexos atravessará, mais tarde, a primeira infância, repartindo suas funções e seus papéis sexuais: "o masculino reunirá (os fatores de) sujeito, atividade e posse do pênis; o feminino perpetuará os de objeto, passividade e... órgão genital castrado".[3] Mas essa partilha, *post facto,* das pulsões parciais não se inscreve na atividade sexual da primeira infância, e Freud levará pouco em conta os efeitos da repressão *para* e *pela* mulher dessa energia sexual infantil. Notará, entretanto, que a feminilidade se caracteriza, e deve se caracterizar, por uma *repressão mais precoce e mais inflexível das pulsões sexuais* e uma inclinação mais acentuada para a passividade.

No fundo, é como um homenzinho que a menininha ama sua mãe. A relação específica da filha-mulher com a mãe-mulher é muito pouco considerada por Freud. E foi somente bem tarde em sua vida que ele reconsiderou o período pré-edipiano da menina pequena, reconhecendo-o como um campo de investigação muito pouco analisado. Mas durante muito tempo, e até mesmo nessa época, ele *considerava o desejo da menina pequena por sua mãe como um desejo "viril", "fálico".* Donde a renúncia, necessária a essa ligação com a mãe e, além disso, o "ódio" por ela, quando a menina descobre que, em relação ao órgão sexual válido, ela é castrada. E que isso acontece com todas as mulheres, inclusive com sua mãe.

PATOLOGIA DAS PULSÕES PARCIAIS

A análise das pulsões parciais se elabora, para Freud, a partir dos desejos de transgressões anatômicas, cuja repressão traumática é por ele constatada nas neuroses, e cuja realização (se dá) no caso das perversões. As mucosas orais e anais são então superinvestidas com respeito às zonas genitais. O mesmo acontece com as fantasias e os comportamentos sexuais do tipo sadomasoquista, voyeurista, exibicionista. Se Freud infere a sexualidade infantil dos neuróticos e dos perversos a partir de sua sintomatologia, ao mesmo tempo ele nos diz que esses sintomas são o efeito ou de uma disposição congênita (reencontramos aí a ancoragem anatômica de sua teoria), ou de uma interrupção na evolução sexual. Portanto, a sexualidade da mulher poderia ser perturbada quer por um "erro" anatômico (por exemplo, "ovários hermafroditas" que determinassem uma homossexualidade),[4] quer por uma suspensão no seu processo de se tornar mulher: daí a prevalência das mucosas orais que é encontrada, também, na homossexualidade. Quanto às pulsões escotofílicas e sadomasoquistas, estas são tão evidentes que Freud não as excluiu da economia genital, e as retomou, diferenciando-as sexualmente – lembremos a oposição entre ver/ser visto (vista), causar sofrimento/sofrer. O que não quer dizer que uma relação sexual resolvida dessa forma deixe de ser, a seus olhos, patológica. A patologia sexual feminina, portanto, deveria ser interpretada, em termos pré-edipianos, como *fixação de investimento na mucosa oral*, mas também como fixação no *exibicionismo* e no *masoquismo*. É claro que outros eventos poderiam determinar uma "regressão", qualificada como mórbida, aos estágios pré-genitais, segundo diversas modalidades. Para nos situarmos em relação a eles, será preciso retomar a "história de se tornar uma mulher normal", segundo Freud, e, mais especificamente, a relação da menina pequena com o complexo de castração.

ESPECIFICIDADE DO COMPLEXO DE CASTRAÇÃO FEMININA

Se o complexo de castração marca, para o menino, o declínio do complexo de Édipo, para a menina tudo acontece de uma maneira diversa e quase inversa. O que podemos dizer sobre isso? O complexo de castração do menino nasce no momento em que ele constata que o pênis, o membro viril de tanto valor para ele, não faz necessariamente parte do corpo; que certas pessoas – suas irmãs, suas amiguinhas de brincadeiras – não o possuem. A visão, fortuita, dos órgãos genitais delas fornece-lhe ocasião para uma descoberta. Se a primeira reação do menino for de negar o que viu, de atribuir, a despeito de tudo, um pênis à sua irmã, a toda mulher, e sobretudo à sua mãe, e de querer ver e crer que todo mundo possui um membro viril, seja lá qual for, isso não impedirá que seja tomado pela angústia de castração. Pois, se algumas pessoas não têm pênis, é porque ele foi cortado: no início o pênis existia, depois foi extraído. Por quê? Talvez só para castigar a criança por qualquer falta cometida. Esse crime que merece ser punido com a amputação deve ser a masturbação, sobre a qual ele já recebeu muitas admoestações e ameaças. É preciso não esquecer que a masturbação é determinada por uma necessidade de descarga dos afetos ligados aos pais, e de modo especial à mãe, que o menino gostaria de possuir como faz seu pai. Digamos: em lugar do pai. O medo de perder seu pênis, órgão muito investido narcisicamente, é, portanto, o que leva o menino a abandonar sua posição edipiana: o desejo de possuir a mãe e eliminar seu rival, o pai. A partir disso se dará a formação do superego, herança do complexo de Édipo e guardião dos valores sociais, morais, culturais, religiosos. Freud insiste sobre o fato de que *"não se pode avaliar em seu justo valor de significação do complexo de castração, a não ser com a condição de se alinhar sua ocorrência com a fase do primado do falo",*[3] o qual assegura, como já vimos, o reagrupamento e a hierarquização das pulsões parciais na genitalidade infantil. Um único sexo, o pênis, sendo assim reconhecido como valioso, tanto para os meninos como para as meninas.

Por aí pode-se imaginar o que deve ser o complexo de castração, para *a menina*. Esta *acredita ter, no clitóris, um órgão fálico apreciável*. E, à semelhança de seu irmão, ela consegue por meio da masturbação ter sensações voluptuosas. Mas a visão do pênis – inversamente ao que acontece com o menino quando descobre os órgãos genitais de sua irmã – revela como seu clitóris é fora de comparação com o órgão sexual do menino. Ela compreende então o prejuízo – anatômico – que constitui o seu destino, e deve aceitar a castração, não como a ameaça de uma perda, o medo de que ela aconteça, mas como um fato já estabelecido: uma amputação realizada. *Ela reconhece, ou deveria reconhecer,* que, comparativamente ao menino, ela não tem sexo, ou pelo menos que *o que ela acreditava ser um sexo válido não passa de um pênis decepado.*

A INVEJA DO PÊNIS E A ENTRADA NO COMPLEXO DE ÉDIPO

A essa efetiva castração, que representa uma irredutível ferida narcísica, não se resigna facilmente a menina. Donde a "inveja do pênis" que vai determinar sua evolução posterior, para a maior parte das mulheres. Realmente, a menina espera, mesmo tardiamente, encontrar-se um dia dotada de um "verdadeiro" pênis, que o seu pequeno sexo vai ainda se desenvolver e poderá talvez, um dia, comparar-se ao de seu irmão, de seus parceiros de jogos infantis. Esperando a confirmação de tais esperanças, *ela voltará seus desejos para seu pai, esperando obter dele o que não tem:* o preciosíssimo órgão masculino. *Essa "inveja do pênis" a leva a se afastar de sua mãe,* que é a culpada de a ter dotado tão mal do ponto de vista sexual, e cujo destino ela pouco a pouco compreende que partilha, já que a mãe é, como ela própria, castrada. Abusada duplamente pela mãe, seu primeiro "objeto" sexual, ela a abandona *para entrar no complexo de Édipo,* ou o desejo por seu pai. Assim, o complexo de Édipo da menina segue inversamente a sequência observada no menino, o complexo de castração.

Mas, *para a menina, esse complexo de Édipo poderá subsistir durante muito tempo.* Realmente, ela não tem de temer perder um sexo que não tem. E somente com as reiteradas frustrações por parte do pai ela será levada, bem tardiamente e de uma maneira frequentemente incompleta, a desviar dele o seu desejo. Pode-se inferir disso que *a formação do superego será,* nessas condições, *comprometida,* o que deixará a menina, a mulher, em um estado de dependência infantil em relação ao pai, ao homem-pai – que desempenha a função de superego –, e a tornará incapaz de participar dos mais estimados interesses sociais e culturais. Pouco autônoma, a menina será ainda pouco dotada para os investimentos "objetivos" em jogo na cidade, sendo seus comportamentos motivados seja pelo ciúme, pelo rancor, pela "inveja do pênis", seja pelo temor de perder o amor de seus pais ou dos seus substitutos.

Mas, transferindo para o pai a ligação que tinha com a mãe, realizando essa mudança de "objeto" sexual que é exigida dela pela sua condição feminina, a menina ainda não terminou seu périplo. E – como insiste Freud – "tornar-se uma mulher normal" exige transformações muito mais complexas e dolorosas que as requisitadas no desenvolvimento, mais linear, da sexualidade masculina.[1] Realmente, se a "inveja do pênis" determina que a menina deseje seu pai, como aquele que talvez lhe dê [um pênis], será preciso ainda que essa "inveja" um tanto demasiadamente "ativa" dê lugar à receptividade "passiva" que se espera da sexualidade, e do sexo, da mulher. Que a zona erógena clitoridiana "peniana" ceda sua importância à vagina, que será valorizada "como abrigo do pênis, recolhendo a herança do seio materno".[3] *A menina deverá mudar não unicamente de objeto sexual mas também de zona erógena.* Coisa que necessita de "uma carga de passividade" absolutamente indispensável para a instauração da feminilidade.

O DESEJO DE "TER" UM BEBÊ

Mas isso não é tudo. Para Freud, a "função sexual" é, antes de tudo, a função reprodutora. Como tal, ela reunirá e submeterá todas as pulsões ao primado da procriação. É preciso, portanto, que a mulher seja levada a privilegiar a dita "função sexual" e que o último degrau de sua evolução libidinal seja o desejo de procriar. Na "inveja do pênis" será encontrado, mais uma vez, o motivo dessa progressão.

O desejo de obter do pai o pênis será deslocado pelo de ter um bebê, tornando-se este, segundo uma equivalência que Freud analisa, o substituto do pênis. Deve-se acrescentar que a felicidade da mulher não será completa se o recém-nascido não for um menino, portador do pênis tanto almejado. Assim será ela redimida, por meio da criança que dá à luz, da humilhação narcísica inevitavelmente associada à condição feminina. É claro que não será do pai que a menina obterá, realmente, um bebê. Será preciso que ela espere para que o seu desejo infantil possa se realizar um dia. E é na recusa que o pai opõe a todos os seus desejos que se fundamentará o motivo da transferência dessas pulsões para um outro homem, eventual substituto paterno.

Tornando-se *mãe de um filho*, a mulher poderá "transferir para ele todo o orgulho que nunca lhe foi permitido ter dela própria" e, a falta do pênis não tendo perdido nada de seu poder motivador, "somente as relações entre a mãe e o filho serão capazes de dar à mãe uma plenitude de satisfação, pois, de todos os relacionamentos humanos, são os mais perfeitos e mais desprovidos de ambivalência".[1] *Esse modelo, perfeito, de amor humano poderá portanto ser transferido ao marido,* "a felicidade conjugal ficando instável uma vez que a mulher não conseguiu fazer de seu esposo o seu filho".[1] O difícil percurso que a menina, a mulher, devem ter para realizar sua "feminilidade" encontra, portanto, seu termo ao parir um filho, na maternidade do filho. E, por conseguinte, do marido.

FORMAÇÕES PATOLÓGICAS PÓS-EDIPIANAS

Essa evolução indubitavelmente é suscetível a *interrupções, stasis,* em certos momentos de seu desenvolvimento, ou mesmo de *regressões.* Assiste-se, então, às formações patológicas específicas da sexualidade feminina.

O COMPLEXO DE VIRILIDADE E A HOMOSSEXUALIDADE

Dessa forma, a descoberta da castração pode chegar, na mulher, à elaboração de "um poderoso complexo de virilidade". "Nesse caso, a menina recusa-se a aceitar a dura realidade, exagera obstinadamente a sua atitude viril, persiste em sua atividade clitoridiana e procura sua salvação em uma identificação com a mãe fálica ou com o pai".[1] *A consequência extrema desse complexo de virilidade é encontrada na economia sexual e na escolha objetal da mulher homossexual,* a qual, tendo mais frequentemente tomado seu pai por "objeto", segundo o complexo feminino de Édipo, regressa em seguida à virilidade infantil por causa das decepções, inevitáveis, que ela sofreu da parte do pai. Seu objeto de desejo é, desde então, escolhido de acordo com o modelo masculino e ela assume "nitidamente o tipo masculino no seu comportamento relativo ao objeto amado." "Não somente ela escolhe um objeto do sexo feminino, mas ainda adota, a respeito desse objeto, uma atitude viril". De alguma forma ela se torna "homem, e, no lugar de seu pai, toma a sua mãe como objeto de amor".[4] Sem chegar a esses extremos, a alternância repetida de períodos em que predomina a virilidade ou a feminilidade explica, talvez, o enigma que a mulher representa para o homem, enigma que encontraria sua interpretação na *importância da bissexualidade* na vida da mulher.

Por outro lado, o protesto viril da mulher não se resolveria nunca inteiramente, segundo Freud, e a "inveja do pênis", tentando mitigar a sua inferioridade sexual, *explicaria muitas particularidades de uma feminilidade que, aliás, é "normal".* Por exemplo: "uma escolha objetal mais determinada pelo narcisismo do que no homem", "a vaidade corporal", "o precário senso de justiça", e mesmo o pudor, cuja função seria, antes de mais nada, a de "mascarar a deficiência dos seus órgãos genitais". Quanto à "menor capacidade da mulher de sublimar os seus instintos", e à falta, correlativa, de participação nos interesses sociais e culturais, vimos que elas provêm da especificidade da relação da mulher com o complexo de

Édipo e do que dele resulta para a formação, nela, do superego. Essas características da feminilidade, pouco dignas de júbilo, é verdade, nem por isso são patológicas. Segundo Freud, elas pertenceriam à evolução "normal" da feminilidade.[1]

A FRIGIDEZ

Mais inquietante seria a constatação da *frequência da frigidez sexual* na mulher. Mas, se Freud confessa que esse é ainda um fenômeno pouco explicado, parece querer encontrar nele uma confirmação da desvantagem sexual natural que seria a da mulher. De fato, "parece que a libido sofre uma repressão maior quando ela é constrangida a se colocar a serviço da função feminina e que... a natureza leva menos em conta as suas exigências do que no caso da virilidade. A causa disso pode ser procurada no fato de que a realização do objetivo biológico, a agressão, se encontre confiada ao homem e que permaneça, até um certo ponto, independente do consentimento da mulher".[1] A ideia de que a frigidez possa ser o efeito de uma tal concepção – violenta, violadora – das relações sexuais não aparece nas análises de Freud; ele atribui a frigidez à inferioridade sexual de toda mulher ou a "algum fator constitucional, isto é, anatômico" capaz de perturbar a sexualidade de certas mulheres, a não ser quando reconhece a sua própria ignorância quanto ao que pode determinar a frigidez.

O MASOQUISMO

Quanto ao *masoquismo*: deverá ser considerado como fator de uma feminilidade "normal"? Certos enunciados de Freud parecem acreditar nisso. Por exemplo: "... as regras sociais e a própria constituição [da mulher] a obrigam a recalcar seus instintos agressivos, donde resulta a formação de tendências fortemente masoquistas que conseguem erotizar as tendências destrutivas dirigidas para o seu interior. O masoquismo é bem, portanto, o que dizem dele, especificamente feminino".[1] Ou será que o masoquismo constitui um desvio sexual, um processo mórbido, particularmente frequente nas mulheres? A resposta de Freud, sem dúvida alguma, seria que se o masoquismo é um componente da feminilidade "normal", esta não pode simplesmente reduzir-se a ele. A análise da fantasia em "bate-se numa criança"[5] dá ao mesmo tempo uma descrição bastante completa da organização genital da mulher e indica como o masoquismo está implicado: o desejo incestuoso da menina por seu pai, seu anseio de ter um filho dele, e também a vontade correlativa de ver alguém bater no irmão, seu rival – detestado tanto porque poderia ser o filho que a menina não teve de seu pai, como por ser dotado de pênis –, todos esses desejos, vontades, anseios da menina são submetidos ao recalque pela interdição que incide tanto sobre as relações incestuosas como sobre as pulsões sádicas, e mais geralmente "ativas". Disso resulta a transformação da vontade de ver seu irmão ser batido na fantasia de ela mesma ser batida por seu pai, fantasia em que a menina encontraria ao mesmo tempo uma satisfação regressiva masoquista aos seus desejos incestuosos e a punição decorrente. A interpretação dessa fantasia poderia ser bem esta: meu pai me bate pela semelhança [que tenho] com o menino que eu queria ser. E mais: batem em mim porque eu sou menina, isto é, inferior do ponto de vista sexual. O que pode ser traduzido por: o que é batido em mim é o clitóris, esse órgão masculino bem pequeno, pequeno demais; esse menininho que se recusa a crescer.

A HISTERIA

Ainda que a histeria inaugure a cena e também o discurso analítico – devemos lembrar, a esse respeito, os *Estudos sobre a histeria,* de S. Freud e J. Breuer –, e que as primeiras pacientes de Freud tenham sido as histéricas, a análise exaustiva dos sintomas em jogo na histeria e o estabelecimento de sua relação com o desenvolvimento da sexualidade da mulher extrapolariam o quadro desse resumo das posições freudianas; tal como se vê, aliás, um reagrupamento sistemático dos diferentes momentos de investigação da histeria não é encontrado na obra de Freud. Lembremos simplesmente que, para ele, a histeria não constituía uma patologia exclusivamente feminina. Por outro lado, são definidas, a propósito da "Análise do caso Dora",[6] as modalidades, positiva e invertida, do complexo de Édipo feminino: desejo do pai e ódio da mãe de uma parte, desejo da mãe e ódio do pai, de outra. Essa *inversão do complexo de Édipo* poderia fazer parte do repertório da sintomatologia histérica.

Voltando, tardiamente, à fase pré-edipiana da menina, Freud afirma que em todo caso "há uma relação particularmente estreita entre a fase da ligação à mãe e a etiologia da histeria".[7] Mesmo que a histeria exiba antes de mais nada fantasias edipianas – aliás, frequentemente apresentadas como traumatizantes –, *é preciso voltar ao estágio pré-edipiano* para compreender um pouco o que se esconde atrás dessa sobrecarga edipiana.

RETORNO À FASE PRÉ-EDÍPICA DA MENINA

Para Freud, esse retorno à questão da fase pré-edípica da menina – ao qual foi convocado a dar cabo e para o qual teve a assistência dos trabalhos de mulheres psicanalistas (Ruth Mack Brunswick, Jeanne Lampl de Groot, Helene Deutsch) que, melhor do que ele, poderiam figurar como substitutas maternais na situação transferencial – o levou a considerar com mais atenção esse momento de fixação da menina pequena por sua mãe.[7,1] Ele afirma, finalmente, que *a importância dessa fase pré-edipiana seria maior na menina* do que no menino. Mas, dessa primeira fase da organização libidinal feminina, ele focará sobretudo os *aspectos* que poderiam ser qualificados como negativos, ou pelo menos *problemáticos*. Assim, as *numerosas mágoas que a menininha sente em relação à sua mãe*: desmame muito rápido, insatisfação de uma necessidade ilimitada de amor, obrigação de dividir o amor da mãe com seus irmãos e irmãs, proibição da masturbação vinda após a excitação das zonas erógenas pela mãe, e sobretudo o fato de ter nascido menina, isto é, desprovida do órgão sexual fálico. Disso resultará uma considerável ambivalência na vinculação da filha à sua mãe; repressão da ambivalência que, se removida, perturbaria a relação conjugal com conflitos quase insolúveis. *A tendência da mulher à atividade* deveria também ser compreendida, para uma boa parte das mulheres, como uma tentativa de a menina se livrar da necessidade que ela tem da mãe, agindo como a mãe age. Além disso, a menina pequena desejaria, como fálica, seduzir sua mãe e gerar um filho nela. Portanto, tendências demasiado "ativas" na organização libidinal da mulher frequentemente devem ser exploradas como ressurgimentos, repressões insuficientes da relação com a mãe; e as "pulsões de cunho passivo" se desenvolveriam na proporção do abandono, pela menina, da sua relação com a mãe. É preciso não negligenciar também o fato de que a ambivalência da menina em relação à mãe envolve *pulsões agressivas e sádicas,* cujo recalcamento insuficiente, ou a transformação em seu contrário, poderá constituir o germe *de uma paranoia* posterior que deve ser investigada tanto como provinda das inevitáveis frustrações impostas pela mãe à sua filha – na ocasião do desmame, na descoberta da "castração" da mulher, por exemplo – quanto a partir das reações agressivas da menina. Daí o temor de a mãe matá-la, a desconfiança e a preocupação permanente com ameaças vindas da mãe ou de seus substitutos.

O "CONTINENTE NEGRO" DA PSICANÁLISE

Sejam quais forem as conquistas assim realizadas, Freud continuará a qualificar a sexualidade feminina como "continente negro" da psicanálise. Dirá que não avançou em direção à "pré-história da mulher",[1] admitindo, aliás, que o período pré-edípico "surpreende como, em outro campo, a descoberta da civilização minoica-miceniana por trás da dos gregos".[7]

Por mais que tenha dito, escrito, sobre o desenvolvimento sexual da mulher, este permanece muito enigmático, e ele não tem nenhuma pretensão de ter esgotado essa questão. Ele sugere prudência na abordagem desse problema, principalmente no que se refere às determinações sociais que escondem parcialmente o que se passaria com a sexualidade feminina. Realmente, essas determinações colocam a mulher, com frequência, em situações passivas, obrigando-a a recalcar seus instintos agressivos, contrariando-a na escolha de seus objetos de desejo, etc. Os preconceitos ameaçam comprometer, no que se refere ao campo de investigação, a objetividade das pesquisas, e – pretendendo demonstrar imparcialidade nos debates também sujeitos a controvérsia – Freud voltará a afirmar que a libido é forçosamente masculina para sustentar que não existe efetivamente mais do que uma única libido, mas que esta pode se colocar ao serviço de "fins passivos" no caso da feminilidade.[7] Isso absolutamente não produziu um questionamento sobre o fato de que essa libido deve ser mais reprimida na economia sexual da mulher. Daí a explicação da insistência, da permanência, da "inveja do pênis", inclusive quando a feminilidade é mais bem estabelecida.

Esses conselhos de prudência, essas revisões de enunciados anteriores, não impedirão Freud de negligenciar a análise das determinações socioeconômicas e culturais que regulamentam também a evolução sexual da mulher; e nem, ainda, de reagir negativamente às pesquisas dos analistas que se insurgiam contra a ótica exclusivamente masculina que comanda a sua teoria e a de alguns de seus discípulos, e também discípulas, em relação ao "tornar-se mulher". Assim, apesar de ter dado sua aprovação aos trabalhos de Jeanne Lampl de Groot, Ruth Mack Brunswick, Helene Deutsch e, mesmo com algumas reservas, aos de Karl Abraham, e por mais que tenha incluído os resultados destes trabalhos nos seus últimos escritos sobre essa questão, Freud permanecerá sempre desfavorável às tentativas de Karen Horney, Melanie Klein e Ernest Jones de elaborar hipóteses sobre a sexualidade feminina um pouco menos prescritas por parâmetros masculinos, um pouco menos dominadas pela "inveja do pênis".[7,1] Não há dúvida de que ele enxergava aí, além da situação desagradável de se ver criticado pelos seus alunos, o risco de que fosse posto em xeque o complexo feminino de castração, tal como ele o havia definido.

A OPOSIÇÃO DE MULHERES ANALISTAS À ÓTICA FREUDIANA

KAREN HORNEY

Foi uma mulher, Karen Horney, quem primeiro recusou se submeter ao ponto de vista freudiano sobre a sexualidade feminina, e que sustentou que a sequência complexa de castração-complexo de Édipo, tal como Freud a havia articulado para explicar a evolução sexual da menina, devia ser "revertida". A interpretação da relação da mulher com seu sexo encontra-se grandemente modificada.

A "NEGAÇÃO" DA VAGINA

Efetivamente, não é mais a "inveja do pênis" que afasta a menina de sua mãe, que não o tem, e a conduz a seu pai, que poderia lhe dar um, mas *é pelo fato de a menina ser frustrada em seu desejo especificamente feminino de ter relações incestuosas com o pai que ela chega, secundariamente, a "invejar" o pênis* como substituto do seu pai. O desejo da menina, da mulher, não é mais, portanto, o de ser um homem e de ter um pênis para ser (como) um homem. Se ela chega ao "anseio", pós-edipiano, de se apropriar do pênis é para compensar sua decepção de ter sido privada do pênis-objeto. E também, ou também, para se defender da culpabilidade inerente aos desejos incestuosos e de uma eventual penetração sádica do pai, que ela teme tanto quanto deseja.[8] O que leva a supor que *a vagina já foi então descoberta* pela menina, contrariamente às afirmações de Freud que sustentam que a vagina permanece muito tempo ignorada pelos dois sexos.

Ora, não seria em termos de ignorância que conviria falar da relação da menina com sua vagina, mas antes em termos de "negação". O que explicaria que ela possa parecer ignorar, conscientemente, o que ela sabe. Essa "negação" da vagina pela menina pequena se justificaria pelo fato de que o conhecimento dessa parte do seu sexo não se encontra, nessa época, confirmado e que tal conhecimento é, também, temido. A comparação do pênis de um homem adulto com a exiguidade da vagina infantil, a visão do sangue menstrual ou ainda eventuais experiências dolorosas de rompimento do hímen em explorações manuais podem, realmente, levar a menina a ter medo de ter uma vagina e a negar o que ela sabe, já, de sua existência.[9]

A NEUROSE CULTURAL DA MULHER

Depois disso, Karen Horney se afastou ainda mais das teses freudianas, no sentido de *apelar* quase exclusivamente *às determinações socioculturais para explicar os caracteres específicos da sexualidade dita feminina*. A influência de sociólogos e antropólogos americanos, como Kardiner, Margaret Mead e Ruth Benedict, levou Horney a distanciar-se cada vez mais decididamente das visões psicanalíticas clássicas, as quais foram substituídas, ou acrescidas de crítica, pela análise dos fatores sociais e culturais, tanto na elaboração de uma sexualidade "normal" como na etiologia de uma neurose. Nessa perspectiva, a "inveja do pênis" não é mais prescrita, nem inscrita, por ou em alguma "natureza" feminina, correlativa de alguma "deficiência anatômica", etc. Mas será preciso antes interpretá-la como *sintoma defensivo, que protege a mulher da condição política, econômica, social, cultural que é a sua,* ao mesmo tempo que a impedirá de contribuir eficazmente na transformação do destino que lhe é imposto. A "inveja do pênis" traduziria o despeito da mulher, seu ciúme, de não ter direito às vantagens, especialmente sexuais, reservadas exclusivamente aos homens – "autonomia", "liberdade", "força", etc. –, e ainda de só ter um papel bem pequeno nas responsabilidades políticas, sociais, culturais, das quais ela foi excluída no correr dos séculos. O *"amor", sendo desde então sua única posição de abrigo,* foi por ela elevado ao posto de valor único e absoluto.

A "inveja" seria, então, o índice de uma "inferioridade" que a mulher partilharia, efetivamente, com os outros oprimidos da cultura ocidental – por exemplo, as crianças, os loucos, etc. E a aceitação, por ela, de um "destino" biológico, de uma "injustiça" feita a ela em relação à constituição de seus órgãos sexuais, seria equivalente à recusa de levar em consideração os fatores que realmente explicam essa pretensa "inferioridade". Dito de outra maneira, a neurose da mulher, segundo Karen Horney, seria muito pouco diferente de um componente indispensável para o "tornar-se uma mulher normal", de acordo com Freud: resignar-se ao papel, entre eles o papel sexual, que a civilização ocidental lhe impõe.[10]

MELANIE KLEIN

A segunda mulher a objetar às teorias freudianas sobre a sexualidade feminina foi Melanie Klein. Como Karen Horney, ela inverteu, "reverteu" certas sequências de acontecimentos consecutivos estabelecidos por Freud. E, também como Horney, argumentou que a "inveja do pênis" é uma formação reativa, secundária, um paliativo à dificuldade da menina, da mulher, em sustentar seu desejo. Mas foi *por meio da exploração, da reconstrução do mundo de fantasias da primeira infância* que Melanie Klein questionou a sistemática freudiana.

AS FORMAS PRECOCES DO COMPLEXO DE ÉDIPO

Suas divergências com relação a Freud surgem, por assim dizer, de imediato: desde o "início". Pois Melanie Klein se recusa a assimilar a masturbação clitoridiana a uma atividade masculina. O clitóris é um órgão genital feminino; seria abusivo, portanto, não ver nele senão um pênis "pequeno" e querer que a menina encontre prazer acariciando-o, somente nesta situação. Aliás, *a erotização privilegiada do clitóris é já um processo defensivo contra a erotização vaginal, mais perigosa,* mais problemática, nesse estágio do desenvolvimento sexual. As excitações vaginais são as mais precoces, mas as fantasias de incorporação do pênis do pai e de destruição da mãe-rival que as acompanham provocam, na menina pequena, a angústia quanto às medidas de retaliação de parte da mãe, a qual, para se vingar, tentaria arrancar seus órgãos sexuais internos. Como não há nenhuma verificação, nenhuma prova da "realidade" que permita verificar a integridade dos órgãos mencionados, e consequentemente suprimir a angústia resultante de tais fantasias, a menina pequena é levada a renunciar, provisoriamente, à erotização vaginal.[11]

Seja como for, a menina não esperou pelo "complexo de castração" para se voltar para seu pai. O *"complexo de Édipo" agiria,* para Klein, *sobre a economia das pulsões pré-genitais,* e principalmente das pulsões orais.[12] Assim, não é somente o desmame do "seio bom" que leva à hostilidade da menina pequena em relação à sua mãe – hostilidade que será, em um primeiro tempo, projetada sobre a própria mãe, o que a faz temida como uma "mãe má" –, mas também esse relacionamento conflitivo com a mãe será agravado ainda pelo fato de que ela representa a proibição à satisfação oral dos desejos edipianos, à satisfação que se opõe à incorporação do pênis paterno. Introjetar o pênis do pai seria, segundo Melanie Klein, a primeira forma do desejo do pênis, na menina. Não se trataria, então, da "inveja do pênis" no sentido freudiano do termo, de uma tendência a apropriar-se do atributo da potência viril para ser (como) um homem, e sim da expressão, desde a fase oral, de desejos femininos de intrusão do pênis. O Édipo da menina não é, portanto, a contrapartida a um "complexo de castração" que a induziria a esperar de seu pai o sexo que ela não tem; pelo contrário, ele estaria ativo desde os primeiros apetites sexuais da menina.[13] Essa precocidade edipiana da menina pequena seria acentuada pelo fato de que as pulsões genitais na mulher privilegiam a receptividade, tais como as pulsões orais.

IDENTIFICAÇÕES MASCULINAS DEFENSIVAS

Essa precocidade edipiana não seria desprovida de riscos, sem dúvida. O pênis do pai é suscetível de satisfazer os desejos da menina pequena, mas também pode, ao mesmo tempo, destruir. Ele é "bom" e "mau", vivificante e mortífero, ele mesmo preso na implacável ambivalência amor/ódio, no dualismo das pulsões de vida e de morte. Por outro lado, a primeira atração pelo pênis do pai visa esse órgão na medida em que ele já foi introjetado pela mãe. Trata-se portanto, para a menina, de apropriar-se do pênis paterno, e eventualmente dos filhos, contidos no corpo da mãe: o que não acontece sem agressão a essa última, que pode contra-atacar destruindo o "interior" do corpo de sua filha e os "objetos bons" já incorporados. *A angústia da menina concernente ao pênis do pai e à vingança materna a obriga, habitualmente, a abandonar essa pequena estruturação feminina de sua libido e a se identificar, por uma medida defensiva, com o pênis do pai ou com o próprio pai.* Ela adota, então, uma posição "masculina" como reação à frustração, e aos perigos, de seus desejos edipianos. Essa *masculinidade* é, portanto, bem *secundária* e tem como função mascarar, isto é, assegurar o recalque das fantasias incestuosas: o desejo de assumir o lugar da mãe junto ao pai e de ter um filho dele.[14]

UMA TENTATIVA DE CONCILIAÇÃO: ERNEST JONES

Ao contrário de Freud, Ernest Jones acolheu com grande interesse as modificações que algumas mulheres, como Karen Horney e Melanie Klein, trouxeram às primeiras teorizações psicanalíticas referentes à sexualidade feminina. O motivo disso foi, sem dúvida, um *questionamento muito maior, nele, sobre os desejos "femininos" do homem e sobre a angústia de castração que acompanha, para o menino, a identificação com o sexo da mulher, especialmente na sua relação com o pai.* Um pouco mais informado sobre o anseio e o temor de uma tal identificação, Ernest Jones pôde se aventurar mais na exploração do "continente negro" da feminilidade, e compreender de modo menos reticente o que algumas mulheres tentavam articular a respeito de sua própria economia sexual. Também é verdade que ele tinha menos *a defender* do que Freud – no caso, a fundação de um novo edifício teórico. O fato é que, sem consentir certas posições – sustentadas por Karen Horney na segunda parte de sua obra –, recusando levar a cabo, com relação a Freud, as rupturas adotadas por certos(as) alunos(as), Jones tenta conciliar o ponto de vista freudiano e os novos aportes psicanalíticos sobre o desenvolvimento sexual da mulher, aportes aos quais acrescenta a sua contribuição.

CASTRAÇÃO E AFÂNISE

Colocando-se um pouco como árbitro do debate e procurando encontrar acordos possíveis entre posições diversas, Jones mantém a concepção freudiana de complexo de Édipo feminino, mas demonstra que as descobertas dos analistas de crianças sobre o período pré-edípico da menina convidam a modificar a formulação da relação dela com o complexo de Édipo. Antes de mais nada, *ele [Jones] diferencia a castração* – ou a ameaça de perder a capacidade de gozo sexual genital – *da afânise, que representaria o desaparecimento total e permanente de todo gozo sexual.* Pensando-se nesses termos, podemos compreender que é o temor da "afânise", como consequência da frustração radical de seus desejos edipianos, o que leva a menina a renunciar à sua feminilidade para se identificar com o sexo que surrupia seu prazer.[15] Ela afasta, assim, imaginariamente, a angústia de ser para sempre privada de todo gozo. Essa solução tem ainda a vantagem de abrandar a culpabilidade ligada aos desejos incestuosos. Se essa for a opção escolhida, conduzirá à homossexualidade, mas nós a encontramos sob uma forma atenuada no desenvolvimento normal da feminilidade. Neste caso, ela representa uma reação secundária e defensiva contra a angústia da afânise em decorrência da não resposta do pai a seus desejos.

AS DIVERSAS INTERPRETAÇÕES DA "INVEJA DO PÊNIS"

A menina seria, portanto, "mulher", antes de passar por essa masculinidade reativa. E índices dessa feminilidade precoce são encontrados nos estágios ditos "pré-genitais".[16] *A inveja do pênis é, antes de tudo, o desejo de incorporação do pênis,* ou seja, um desejo aloerótico, já discernível no estágio oral. A zona de atração centrípeta do pênis se desloca em seguida, graças ao funcionamento da *equivalência boca, ânus, vagina*. Levando em conta esse desejo precoce pelo sexo do pai, Jones refina o conceito de "inveja do pênis". Segundo ele, pode-se tratar do desejo da menina pequena de incorporar, introjetar, o pênis para guardá-lo "no interior" do seu corpo e transformá-lo em uma criança; ou ainda do *desejo de gozar com o pênis durante o coito*: oral, anal, genital; e enfim do *desejo de possuir um sexo masculino em lugar, e no lugar, do clitóris*.

Essa última interpretação seria a preferida de Freud, que assim acentua os desejos de masculinidade da menina pequena, da mulher, negando a especificidade de sua economia libidinal e de seu sexo. Ora, o desejo de possuir um pênis na região clitoridiana corresponderia, antes de tudo, a desejos autoeróticos: sendo o pênis mais acessível, mais visível, mais narcísico, nas atividades masturbatórias. O pênis seria igualmente favorecido nas fantasias de potência total da uretra, ou nas pulsões escotofílicas e exibicionistas. Não se pode reduzir a essas atividades ou fantasias a evolução pré-genital da menina, e pode-se mesmo sustentar que essas fantasias só se desenvolverão posteriormente a seus desejos aloeróticos pelo pênis do pai. Segue-se disso que, na estruturação dita pré-edipiana e na fase pós-edipiana, a *"inveja do pênis" é secundária na menina, e frequentemente defensiva, em relação a um desejo especificamente feminino de gozar com o pênis*. Portanto, nunca a menina teria sido um menino, e o progesso de sua sexualidade não seria baseado na ânsia de ser um homem. Querer que fosse assim equivaleria a suspender abusivamente a evolução sexual da menina – e, aliás, também a do menino – a uma fase particularmente crítica de seu desenvolvimento, a fase que Jones denomina de "deuterofálica",[17] na qual cada um dos dois sexos é levado a se identificar com o objeto de seu desejo, ou seja, o sexo oposto, para escapar tanto da ameaça de mutilação do órgão genital vinda do genitor do mesmo sexo, o seu rival na economia edipiana, quanto da angústia ou da "afânise" resultante da suspensão dos desejos incestuosos.

COMPLEMENTOS À TEORIA FREUDIANA

Já vimos que, contra esses remanejamentos teóricos, outras mulheres analistas sustentam e desenvolvem as primeiras concepções de Freud, e que este retoma em seus últimos escritos as contribuições delas para o estudo dos primeiros estágios da evolução sexual da mulher.

Lembremos que Jeanne Lampl de Groot insiste na questão do *Édipo negativo da menina*. Antes de chegar ao desejo "positivo" pelo pai, que implica a instauração da "passividade" receptiva, a menina desejou possuir a mãe e eliminar o pai, à maneira "ativa" e/ou "fálica". A impossibilidade de realizar esses desejos acarreta a desvalorização do clitóris, que não pode manter a comparação com o pênis. A passagem da fase negativa (ativa) à positiva (passiva) do complexo de Édipo se efetua, portanto, pela intervenção do complexo de castração.[18]

Um dos traços específicos dos trabalhos de Helene Deutsch é a ênfase sobre o *masoquismo na estruturação da sexualidade genital feminina*. Em todas as fases do desenvolvimento pré-genital, o clitóris é investido tal como o pênis. A vagina é ignorada e só será descoberta na puberdade. Mas, se o clitóris (pênis) pode ser assimilado ao seio, à coluna fecal, sua inferioridade aparece no estágio fálico, por ser muito menos apto do que o pênis para satisfazer as pulsões ativas então em jogo. O que acontece com a energia libidinal da qual o clitóris, desvalorizado, estava investido? Helene Deutsch afirma que, em grande parte, ela regride e se organiza segundo o padrão masoquista. A fantasia "eu quero ser castrada" assume o comando dos desejos fálicos irrealizados. Esse masoquismo, evidentemente, não deveria ser confundido com o posterior masoquismo "moral". Ele representaria uma *forma primária, erógena e biologicamente determinada do masoquismo constitutivo da sexualidade feminina,* dominada pela tríade *castração, estupro, parto,* à qual se juntaria, secundária e correlativamente, o caráter masoquista das sublimações efetuadas pelas mulheres, inclusive em seus comportamentos e cuidados maternos, em relação aos filhos.[19]

Após ter resgatado, seguindo Freud, que o desenvolvimento sexual é regido pelo jogo das três oposições que se sucedem uma após a outra, sem jamais, entretanto, se substituírem exatamente uma à outra – ativo/passivo, fálico/castrado, masculino/feminino –, Ruth Mack Brunswick analisa, principalmente, as modalidades e transformações da díade atividade/passividade na fase pré-edipiana do desenvolvimento sexual da menina.[20]

Para Marie Bonaparte, a singularidade da relação da mulher com a vida libidinal, sua posição "desfavorecida", seria determinada pelo fato de que os órgãos sexuais femininos seriam comparados com órgãos masculinos inibidos em seu crescimento devido ao desenvolvimento dos "anexos" que servem aos propósitos da maternidade.[21] Além disso, segundo ela, *três leis ordenam a evolução sexual da mulher:* no que se refere ao *objeto do desejo,* todos os investimentos, passivos e ativos, implicados na relação com a mãe serão transferidos à relação com o pai: no que concerne ao *devir pulsional,* as fantasias sádicas da menina serão transformadas em fantasias masoquistas quando da passagem do Édipo "ativo" ao "passivo"; quanto à *zona erógena privilegiada,* ela se deslocará do clitóris (pênis) à "cloaca", depois à vagina, na ocasião do abandono da masturbação clitoridiana. O erotismo "cloacal" constituiria, para Marie Bonaparte, um estágio intermediário entre o erotismo anal e a erotização muito mais tardia da vagina. Esta seria então somente um anexo do ânus, ou mais exatamente não se diferenciaria ainda dele, e o buraco da cloaca, como um todo, seria a zona erógena prevalecente, pré-fálica e pós-fálica, e isso até a erotização vaginal pós-pubertária.[22]

A ORDEM SIMBÓLICA: JACQUES LACAN

Quinze ou vinte anos depois que as controvérsias sobre a sexualidade feminina se haviam aquietado, que esse assunto fora esquecido – recalcado novamente? –, Jacques Lacan reabriu os debates. Para enfatizar, principalmente, que as questões foram com frequência mal formuladas, e também para fazer o balanço das que, na sua opinião, permanecem em suspenso. Entre estas últimas, ele evoca os novos desenvolvimentos da psicologia referentes à distinção das funções do "sexo cromossômico" e do "sexo hormonal", bem como as pesquisas sobre o "privilégio libidinal do hormônio masculino", o que o leva novamente a questionar as modalidades da intervenção da "ruptura" entre o orgânico e o subjetivo; ele chama a atenção, igualmente, para a ignorância em que estamos, sempre, quanto à "natureza do orgasmo vaginal" e ao papel exato do clitóris nos deslocamentos de investimento de zonas erógenas e de "objetos" de desejo.[23]

O FALO COMO SIGNIFICANTE DO DESEJO

No que se refere à divergência de opiniões dos psicanalistas sobre o desenvolvimento sexual da mulher, Lacan *critica os pontos de vista que se afastam do de Freud por negligenciarem a perspectiva de arranjo estrutural que o complexo de castração implica*. Uma diferenciação insuficiente dos registros do real, do imaginário, do simbólico, e de seus respectivos impactos na privação, na frustração e na castração leva a psicanálise, por exemplo, a reduzir a dimensão simbólica – verdadeiro pivô da castração – a uma frustração de tipo oral.[23] Para enfatizar melhor a articulação simbólica que a castração deve operar, Lacan especifica que *o que está sendo considerado como capaz de faltar na castração não é tanto o pênis – órgão real – quanto o falo, ou significante do desejo*. E é *na mãe* que a castração deve ser, antes de tudo, localizada pela criança, para que ela saia da órbita – imaginária – do desejo materno, e seja enviada de volta ao pai, como aquele que detém o emblema fálico pelo qual a mãe o deseja e o prefere à criança.

Torna-se, assim, possível o funcionamento da ordem simbólica, que deve ser garantido pelo pai. A esse título, ele proibirá à mãe e à criança que o desejo delas se preencha, seja a mãe identificando a criança com o falo que lhe falta, seja a criança se assegurando de ser o portador do falo, satisfazendo, incestuosamente, o desejo de sua mãe. Privando-as assim da realização de tais desejos, da "completude" do prazer, o pai as introduz, ou reintroduz, nas exigências da simbolização do desejo pela linguagem, isto é, à necessidade de sua passagem pela demanda. *O hiato, incessantemente recorrente, entre demanda e satisfação do desejo* mantém a função do falo como *significante de uma falta* que assegura e regula a economia das trocas libidinais na sua dupla dimensão de busca de amor e de satisfação especificamente sexual.

SER OU TER O FALO

"Mas é possível, ao se deter à função do falo, apontar as estruturas às quais serão submetidas as relações entre os sexos. Digamos que essas relações girarão em torno de um *ser* e de um *ter*... Por mais paradoxal que possa parecer essa formulação, dizemos que é por *ser o falo,* isto é, o significante do desejo do Outro, que a mulher vai rejeitar uma parte essencial de sua feminilidade, nominalmente todos os seus atributos neste enigma. *É pelo que ela não é* – a saber, o falo – *que ela pretende ser desejada ao mesmo tempo que amada*. Mas quanto ao seu próprio desejo, ela encontra o seu significante no corpo daquele – suposto de tê-lo – a quem se dirige sua demanda de amor. Sem dúvida não podemos esquecer que o órgão que é revestido dessa função significante assume um valor de fetiche."[24]*

Essa formulação de uma dialética das relações sexuadas pela função fálica não contraria em nada a manutenção, por Lacan, do complexo de castração da menina tal como foi definido por Freud – isto é, sua falta em ter falo

---

* Trecho destacado por mim. Também acrescentei os enunciados entre travessões. Para uma análise de uma publicação mais recente de J. Lacan sobre a sexualidade feminina, ver, mais adiante, o artigo "Cosi fan tutti". (N. A.)

– e sua entrada consecutiva no complexo de Édipo –, ou desejo de receber o falo de quem supostamente o tem, o pai. Também a importância da "inveja do pênis" na mulher não é colocada em questão, mas é antes elaborada em sua dimensão estrutural.

"A IMAGEM DO CORPO": FRANÇOISE DOLTO

É preciso citar ainda as pesquisas de Françoise Dolto sobre a evolução sexual da menina pequena;[25] insistir, como ela, sobre a necessidade de que a mãe seja reconhecida como "mulher" pelo pai para que a menina se sinta valorizada em seu sexo feminino; e seguir as descrições que ela provê da *estruturação da imagem do corpo* em cada estágio do desenvolvimento libidinal da menina, descrições em que ela dedica muita atenção à *pluralidade das zonas erógenas* especificamente femininas e correlativamente à *diferenciação do prazer sexual da mulher.*

Mas, em vista da riqueza de suas análises e da acuidade das questões que serão encontradas em seu estudo, pode-se lamentar que, como acontece com a maioria dos outros protagonistas desse debate em torno da sexualidade feminina, ela tenha questionado tão pouco as determinações históricas que prescrevem o "tornar-se mulher" tal como é visto pela psicanálise.

PERGUNTAS SOBRE AS PREMISSAS DA TEORIA PSICANALÍTICA

Fazer algumas perguntas à psicanálise, questioná-la de alguma forma, é arriscar sempre ser mal-entendido e assim encorajar uma atitude *pré-crítica* em relação à teoria analítica. No entanto, há muitos pontos sobre os quais ela merece ser interrogada, e deveria ela própria se interrogar. A sexualidade feminina representa um desses pontos. Retomando os termos em que se passou o debate no próprio interior do campo psicanalítico, poderemos perguntar, por exemplo:

– *Por que a alternativa gozo clitoridiano/gozo vaginal fez parte [desse debate]?* Por que a mulher foi confrontada com a escolha de um ou de outro, qualificada de "viril" se fica com o primeiro, ou de "feminina" se renuncia a este primeiro para se enquadrar na erotização vaginal? Essa problemática será mesmo pertinente para explicar a evolução e o "florescimento" da sexualidade da mulher? Ou será que é ordenada pela *padronização da sexualidade de acordo com os parâmetros masculinos*, e/ou por critérios válidos – talvez? – para decidir por uma prevalência do autoerotismo ou do heteroerotismo no homem? Na realidade, as zonas erógenas da mulher não são o clitóris ou a vagina, mas o clitóris e a vagina, e os lábios, e a vulva, e o colo uterino, e o útero, e os seios... O que poderia, deveria, espantar é a *pluralidade das zonas erógenas genitais,* se nos mantivermos a este termo na sexualidade feminina.

– *Por que a estruturação libidinal da mulher seria decidida, para a grande maioria, antes da puberdade,* enquanto para Freud e para um bom número de seus discípulos a "vagina, órgão propriamente feminino, não foi ainda descoberta"?[1] Além disso, os caracteres femininos política, econômica e culturalmente valorizados são ligados à maternidade e ao cuidado materno. O que quer dizer, portanto, que tudo, ou quase tudo, seria decidido quanto ao papel sexual imposto à mulher, e sobretudo quanto às representações que lhe são propostas, ou que lhe são atribuídas, antes mesmo de que a especificidade socialmente sancionada de sua intervenção na economia sexual seja praticável, e antes que ela tenha acesso a um gozo singular, "propriamente feminino". Compreende-se que ela não apareça, desde então, senão como "faltante de", "desprovida de", "invejosa de", etc. Em uma só palavra: castrada.

– *Por que a função maternal deve prevalecer sobre a função mais especificamente erótica na mulher?* Por que, ainda, ela é submetida, ou se submete, a uma escolha hierarquizada sem que a articulação desses dois papéis sexuais seja suficientemente elaborada? Certamente, essa prescrição se compreende em uma *economia e uma ideologia da (re)produção,* mas ela é também, ou ainda, a marca de um *servilismo diante do desejo do homem,* pois "a felicidade conjugal não estará bem assegurada se a mulher não conseguir fazer de seu esposo seu filho, e enquanto ela não se comportar maternalmente em relação a ele".[1] O que anuncia a pergunta seguinte:

– *Por que a evolução sexual da mulher deve ser mais penosa, mais complexa do que a do homem?*[1] E qual é o final dessa evolução, senão o fato de ela ter de tornar-se de alguma forma a mãe de seu marido? A própria vagina "não adquirindo valor senão como abrigo do pênis, assegura a herança do seio materno".[3] Em outras palavras, é assumido que a menina pequena renuncie a seus primeiros investimentos objetais, às zonas erógenas precocemente investidas, para fazer o périplo que a tornará suscetível de satisfazer o desejo imortal do homem: fazer amor com sua mãe, ou com um substituto apropriado? Porque deveria a mulher deixar sua própria mãe – "odiá-la"[1] –, retirar-se de sua casa, abandonar a sua família, renunciar ao nome de sua mãe e de seu pai, para entrar nos desejos genealógicos do homem?

– *Por que a homossexualidade feminina é, ainda e sempre, interpretada a partir do modelo da homossexualidade masculina?* A mulher homossexual desejando, como um homem, uma mulher equivalente à mãe fálica e/ou que, por certos traços, lembre a ela um outro homem, seu irmão, por exemplo.[4] Por que o desejo do mesmo, da mesma, seria proibido ou impossível à mulher? E ainda, *por que as relações entre a filha e a mãe são pensadas, necessariamente, em termos de desejo "viril"* e de homossexualidade? Para que serve esse desconhecimento, essa condenação, da relação da mulher com seus desejos originais, essa não elaboração de sua relação para com suas origens? Para assegurar a prevalência de sua libido única, a menina pequena se vê constrangida a recalcar suas pulsões e primeiras investidas. Sua libido?

– O que se soma à questão de saber *por que a oposição ativo/passivo permanece tão insistente nas controvérsias referentes à sexualidade feminina.* Ainda que esta oposição seja definida como característica de um estágio pré-genital, o estágio anal, *ela continua a marcar a diferença masculino/feminino* – que disso tiraria sua coloração psicológica[26] –, *assim como determina os papéis respectivos do homem e da mulher na procriação.*[1] Qual a relação que continua a manter essa passividade nas pulsões sádico-anais, permitidas ao homem e proibidas – inibidas – à mulher? O homem sendo, então, assegurado de ser o único proprietário do filho (o produto), da mulher (a máquina reprodutora) e do sexo (o agente reprodutor). *O estupro,* se possível *fecundador,* descrito aliás por certos(as) psicanalistas como o ápice do gozo feminino,[1,19,22] tornando-se assim o modelo da relação sexual.

– *Por que a mulher é tão pouco apta à sublimação?* Será que ela permanece também *dependente da instância superegóica paterna?* Por que a instância social da mulher é ainda, em grande parte, "transcendente à ordem do contrato que propaga o trabalho? E, principalmente, é por meio de seu efeito que se mantém o *status* do casamento no declínio do paternalismo?".[23] Essas duas questões convergem, talvez, no fato de que a mulher estaria escravizada às tarefas domésticas sem contrato algum de trabalho que vincule isso explicitamente, o contrato matrimonial assumiria seu lugar.

São inúmeras as questões que poderiam ainda ser colocadas à psicanálise relativas ao "destino", particularmente sexual, imposto à mulher, destino muito frequentemente atribuído à anatomia, à biologia, que explicariam, entre outras coisas, a frequência muito elevada da frigidez feminina.

Mas *as determinações históricas desse destino mereceriam ser questionadas.* O que implica que a psicanálise reconsidere os próprios limites de seu campo teórico e prático, que ela se imponha o desvio da "interpretação" do fundo cultural e da economia, principalmente política, que, involuntariamente, marcaram-na. E que ela se pergunte se é possível debater, regionalmente, a sexualidade feminina, contando que não foi estabelecido o *status* da mulher na economia geral do Ocidente. Qual a função que lhe foi reservada *nos regimes de propriedade, nas sistemáticas filosóficas, nas mitologias religiosas,* que há séculos dominam esse Ocidente?

Dessa perspectiva, poderíamos suspeitar que o *falo* (O Falo) seja *a figura contemporânea de um deus ciumento de suas prerrogativas,* e que pretenda, com esse título, ser o sentido último de todo discurso, o estandarte da verdade e da propriedade, principalmente do sexo, o significante e/ou o significado último de todo desejo, além de um emblema e agente do sistema patriarcal, que continuaria a abarcar o crédito do nome do pai (do Pai).

REFERÊNCIAS BIBLIOGRÁFICAS

1. FREUD, S. "La féminité". Em *Nouvelles conférences sur la psychanalyse*. Paris: Gallimard, Idées. Recorrerei com frequência a esse artigo, na medida em que, escrito tardiamente por Freud, ele retoma um bom número de enunciados desenvolvidos em outros textos diferentes.
2. FREUD, S. *Trois essais sur la théorie de la sexualité* (principalmente o terceiro desses ensaios, nas versões de 1915 e posteriores). Paris: Gallimard, Idées.
3. FREUD, S. "L'organisation génitale infantile". Em *La vie sexuelle*. Paris: P.U.F., Bibliothéque de psychanalyse.
4. FREUD, S. "Psychogénése d'un cas d'homosexualité féminine". Em *Revue française de psychanalyse*, vol. 6, n° 2, Paris.
5. FREUD, S. "On bat un enfant". Em *Revue française de psychanalyse*, vol. VI, n° 3-4, Paris.
6. FREUD, S. "Fragments d'une analyse d'hystérie (Dora)". Em *Cinq psychanalyses*. Paris: P.U.F., Bibliothéque de psychanalyse.
7. FREUD, S. "Sur la sexualité féminine". Em *La vie sexuelle*.
8. HORNEY, K. "De la genése du complexe de castration". Em *La psychologie de la femme*. Payot, Bibliothéque scientifique.
9. HORNEY, K. "La négation du vagin". Em *La psychologie de la femme*. Sobre esse ponto, K. Horney retoma e desenvolve as afirmações de J. Muller em "A contribution to the problem of libidinal development of the genital phase in girls", *Intern. J. Psychoanal*, vol. 13.
10. HORNEY, K. "La survalorisation de l'amour". Em *La psychologie de la Femme*. Na realidade, seria preciso voltar a ver também os artigos: "Le probléme du masochisme chez la femme", "Le besoin névrotique d'amour", etc.
11. KLEIN, M. "Les stades précoces du conflit oedipien". Em *Essais de psychanalyse*. Payot, Bibliothéque scientifique.
12. KLEIN, M. "Les premiers stades du conflit oedipien et la formation du surmoi". Em *Psychanalyse des enfants*. Payot, Bibliotheque scientifique.
13. KLEIN, M. "Le retentissement des premiéres situations anxiogénes sur le développement sexuel de la fille". Em *Psychanalyse des enfants*.
14. KLEIN, M. "Le complexe d'OEdipe éclairé par les angoisses précoces". Em *Essais de psychanalyse*.
15. JONES, E. "Le développement précoce de la sexualité féminine". Em *Théorie et pratique de la psychanalyse*. Payot, Bibliothéque scientifique.
16. JONES, E. "Sexualité féminine primitive". Em *Théorie et pratique de la psychanalyse*.

17. JONES, E. "Le stade phallique". Em *Théorie et pratique de la psychanalyse*.
18. DE GROOT, J. L. "The evolution of the Oedipus complex in women". Em *The Psychoanalytical Reader*. R. Fliess ed., Hogarth Press.
19. DEUTSCH, H. *"La psychologie des femmes"*. P.U.F., Bibliothéque de psychanalyse.
20. BRUNSWICK, R. M. "The preoedipal phase of the libido development". Em *The Psychoanalytical Reader*.
21. BONAPARTE, M. "Passivité, masochisme et feminité". Em *Psychanalyse et biologie*. P.U.F., Bibliothéque de psychanalyse.
22. BONAPARTE, M. *Sexualité de la femme*. P.U.F., Bibliothéque de psychanalyse.
23. LACAN, J. "Propos directifs pour un congrés sur la sexualité féminine". Em *Écrits*. Seuil, Le Champ freudien.
24. LACAN, J. "La signification du phallus". Em *Écrits*.
25. DOLTO, F "La libido génitale et son destin féminin". Em *La Psychanalyse,* nº 7. P.U.F.
26. FREUD, S. "Pulsions et destins de pulsions". Em *Métapsychologie*. Paris: Gallimard, Idées.

4

O PODER DO DISCURSO
SUBORDINAÇÃO DO FEMININO

ENTREVISTA

POR QUE VOCÊ COMEÇA O SEU LIVRO COM UMA CRÍTICA A FREUD?

Para falar a verdade, não há, em *Speculum*,* um começo e um fim. A arquitetônica do texto, dos textos, desconcerta essa linearidade de um projeto, essa teleologia do discurso, nas quais não há lugar algum possível para o "feminino", se não for esse tradicional, do recalcado, do censurado.

Aliás, "começar" com Freud e "terminar" com Platão é já tratar da história "no sentido contrário". Uma reviravolta ao "interior" no qual a questão da mulher não pode ainda se articular, à qual não podemos portanto simplesmente nos agarrar. Daí esse dispositivo que faz com que, nos textos "do meio" – *Speculum, novamente* –, essa reviravolta aparentemente não aconteça. O importante é desconcertar a montagem da representação segundo parâmetros *exclusivamente* "masculinos". Ou

---

* *Speculum: de l´autre femme*. Paris: Éditions Minuit, 1974. (N. A.)

seja, segundo uma ordem falocrática, o que não se trata de inverter – o que daria, afinal, no mesmo –, mas desarrumar, alterar, a partir de um "de fora" subtraído, de um lado, à sua lei.

Mas, voltando à sua pergunta: *por que essa crítica a Freud?*
Porque, elaborando uma teoria da sexualidade, Freud mostra o que até então podia funcionar mesmo permanecendo implícito, oculto, desconhecido: *a indiferença sexual na qual se sustenta a verdade de toda ciência, a lógica de todo discurso.* O que pode ser lido claramente no modo como Freud determina a sexualidade da mulher. Realmente, essa sexualidade não é nunca definida em relação a um outro sexo senão o masculino. Não há, para Freud, *dois sexos* cujas diferenças se articulariam no ato sexual, e mais geralmente nos processos imaginários e simbólicos que regulamentam um funcionamento social e cultural. O "feminino" é sempre descrito como defeito, atrofia, inverso do único sexo que monopoliza o valor: o sexo masculino. Daí a demasiado célebre "inveja do pênis". Como aceitar que todo o devir sexual da mulher seja comandado pela falta e, portanto, pela inveja,* o ciúme, a reivindicação endereçados ao sexo masculino? Quer dizer que essa evolução sexual não se referiria nunca ao próprio sexo feminino? Todos os enunciados que descrevem a sexualidade feminina negligenciam o fato de que o sexo feminino também poderia ter uma "especificidade".

Será preciso lembrar, ainda?... No início, escreve Freud, a menina pequena é somente um menino pequeno; a castração, para a menina, resume-se em aceitar não ter o sexo masculino; ela se afasta de sua mãe, a "odeia", por perceber que a mãe não tem o valoroso sexo que ela, menina, supunha; essa rejeição da mãe se acompanha da rejeição de toda mulher, inclusive da própria, e pelo mesmo motivo; a menina, então, volta-se para o pai para tentar obter o que nem ela nem qualquer outra

---

* O termo usado por Irigaray aqui é *envie*, que tem tanto o sentido de "inveja" quanto de "vontade" ou "anseio". (N. E.)

mulher tem: o falo; o desejo de ter um filho, para uma mulher, significa o desejo de possuir, enfim, um equivalente do sexo masculino; a relação entre mulheres é então orquestrada pela rivalidade quanto à posse do "sexo masculino", ou, na homossexualidade, pela identificação com o homem; o interesse que as mulheres possam ter pela sociedade não é ditado, é claro, senão pela vontade de ter poderes iguais aos que são obtidos pelo sexo masculino, etc. A mulher nunca está em questão nesses enunciados: o feminino é definido como o complemento necessário ao funcionamento da sexualidade masculina e, com mais frequência, como um negativo que assegura à sexualidade masculina uma autorrepresentação fálica sem fracasso possível.

Ora, Freud descreve um estado de fato. Ele não inventa uma sexualidade feminina, e nem uma masculina, aliás. Como um "homem da ciência", ele apenas parte delas. O problema é que ele não questiona as determinações históricas dos dados de que trata. E, por exemplo, que aceita como *norma* a sexualidade feminina, tal como ela se apresenta a ele. Interpreta os sofrimentos, os sintomas, as insatisfações das mulheres em função de sua história individual, sem questionar a relação de sua "patologia" com um certo estado da sociedade, da cultura. O que o leva, de uma maneira mais generalizada, a submeter novamente as mulheres ao discurso dominante do pai, à sua lei, impondo silêncio às reivindicações delas.

A imersão de Freud em um poder e uma ideologia do tipo patriarcal nos leva a examinar algumas contradições internas à sua teoria.

Por exemplo: a mulher, para corresponder ao desejo do homem, deve se identificar com a mãe dele. O que equivale a dizer que, de algum modo, o homem se torna o irmão de seus filhos, tendo o mesmo objeto de amor. Como, em tal configuração, se coloca a questão da resolução do complexo de Édipo? E consequentemente a da diferença dos sexos, a qual, segundo Freud, lhe é correlata?

Outro "sintoma" da filiação do discurso de Freud a uma tradição não analisada: o modo de recorrer à anatomia como critério irrefutável da verdade. Ora, uma ciência não está nunca encerrada – ela também tem uma história. E, por outro lado, os dados científicos são suscetíveis de várias interpretações. Isso não impede que Freud justifique a atividade agressiva do masculino e a passividade do feminino por imperativos anatomofisiológicos, principalmente de reprodução. Sabe-se, agora, que o óvulo não é tão passivo como pretendia Freud e que é ele que escolhe para si um espermatozoide, tanto, ou até mais, quanto é escolhido. Transponha isso ao registro psíquico e social... Freud afirma também que o pênis adquire seu valor por ser o órgão reprodutor. Ora, os órgãos genitais da mulher, que não tirariam disso o mesmo benefício narcísico, participam tanto quanto o pênis, e são mesmo mais indispensáveis à reprodução. As referências anatômicas de Freud para justificar o desenvolvimento da sexualidade são, aliás, quase todas ligadas a uma proposição reprodutiva. O que acontece então quando a função sexual pode se dissociar de uma função reprodutora, hipótese evidentemente muito pouco considerada por Freud?

Mas o recurso ao anatômico para justificar uma posição teórica é particularmente necessário a Freud para a descrição do devir sexual da mulher. "O que podemos fazer?" escreve ele a esse respeito, transpondo uma frase de Napoleão... "A anatomia é o destino". Por conseguinte, em nome desse destino anatômico, as mulheres seriam menos favorecidas pela natureza do ponto de vista libidinal, frequentemente frígidas, não agressivas, não sádicas, não possessivas, homossexuais segundo as taxas de hermafroditismo de seus ovários, estrangeiras aos valores culturais, a menos que participem deles por alguma "hereditariedade mista", etc. Em resumo, privadas do valor do seu sexo. O importante sendo, é claro, que não se saiba o porquê disso, por quem, e que tudo isso seja atribuído à conta da "natureza".

ESSA CRÍTICA A FREUD CHEGA A PÔR EM XEQUE A TEORIA E A PRÁTICA PSICANALÍTICAS?

Certamente não a fim de retornar a uma atitude pré--crítica em relação à psicanálise, e nem para afirmar que esta teria já esgotado a sua eficácia. Seria mais no sentido de explicitar as implicações ainda inoperantes. De dizer que se a teoria freudiana trouxe muitas coisas capazes de abalar a ordem filosófica do discurso, ela permanece paradoxalmente submetida a essa ordem no que concerne à definição da diferença dos sexos.

Assim, Freud coloca à prova uma certa concepção do "presente", da "presença", acentuando o *après-coup*, a sobredeterminação, o automatismo da repetição, a pulsão de morte, etc., ou indicando, na sua teoria ou na sua prática, o impacto dos mecanismos denominados inconscientes sobre a linguagem do "sujeito". Mas, prisioneiro ele próprio de uma certa economia do logos, define a diferença sexual em função do *a priori* do Mesmo, recorrendo, para sustentar sua demonstração, aos processos de sempre: a analogia, a comparação, a simetria, as oposições dicotômicas, etc. Herdeiro de uma "ideologia" que não questiona, Freud afirma que o "masculino" é o modelo sexual, que toda representação de desejo não é possível sem adotar seus padrões e submeter-se a ele. Procedendo assim, Freud exibe os pressupostos da cena da representação: *a indiferença sexual* que a edifica assegura sua coerência e sua conclusão. Indiretamente, ele propõe a sua análise. Mas a articulação possível da relação entre a economia inconsciente e a diferença dos sexos não é realizada por ele. Um defeito teórico e prático que pode limitar, por sua vez, a cena do inconsciente. Ou antes, servir de *alavanca de interpretação* para o seu desenvolvimento?

Seria possível, assim, perguntar se certas propriedades atribuídas ao inconsciente não são, de um lado, referentes ao sexo feminino censurado da lógica da consciência. Se o feminino *tem* um inconsciente ou se ele é o inconsciente. Etc. Deixar essas questões em suspenso dá a entender que psicanalisar uma mulher seria equivalente a adaptá-la a uma sociedade de tipo masculino.

Certamente, seria interessante saber o que aconteceria com as noções psicanalíticas em uma cultura que não mais recalcasse o feminino. Se o reconhecimento de uma sexualidade feminina "específica" desafiaria o monopólio do valor mantido somente pelo sexo masculino, no final das contas, pelo pai, que sentido poderia ter o complexo de Édipo em um sistema simbólico que não o do patriarcado?

Mas essa ordem é ainda hoje a que faz a lei. Não reconhecer isso seria tão ingênuo como deixar que a sua dominação continue, sem interrogar as suas condições de possibilidade. O fato de Freud – ou, de modo mais geral, a teoria psicanalítica – ter tomado como tema, como objeto de seu discurso, a sexualidade, não o levou a interpretar o que acontece com a *sexualização do discurso em si mesmo,* principalmente a do seu próprio. Isso é testemunhado pelo seu ponto de vista resolutamente "masculino" sobre a sexualidade feminina, e, por outro lado, pela sua atenção muito parcial aos aportes teóricos das analistas mulheres. A análise dos pressupostos da produção do discurso não é realizada, por ele, no que se refere à diferença sexual. Em outras palavras, as questões que a prática e a teoria de Freud endereçam à cena da representação não vão até a determinação sexuada dessa cena. Faltando essa articulação, o aporte de Freud permanece, em parte – e justamente no que concerne à diferença dos sexos –, preso nos *a priori* metafísicos.

... E FOI ISSO O QUE A LEVOU A UMA RELEITURA INTERPRETATIVA DOS TEXTOS QUE DETERMINAM A HISTÓRIA DA FILOSOFIA?

Sim, porque, a não ser que se queira permanecer ingenuamente – ou, às vezes, taticamente – limitado a um regionalismo qualquer, ou a alguma marginalidade, é realmente o discurso filosófico que deve ser questionado, e *desarticulado,* por ser ele que estabelece a lei para qualquer outro discurso, e por constituir o discurso dos discursos.

Era preciso, portanto, voltar a ele, para interrogar o que faz a potência de sua sistemática, a força de sua coesão, o recurso de suas estratégias, a geral aplicabilidade de sua lei e de seu valor. Isto é, sua *posição de mestria* e de possível reapropriação das diferentes produções da história.

Ora, essa dominação do logos filosófico vem, em boa parte, do seu poder de *reduzir qualquer outro à economia do Mesmo.* O projeto teleologicamente construído que ele se arroga é sempre, também, um projeto de desvio, de rodeio, de redução do outro ao Mesmo. E, talvez na sua maior generalidade, de *eliminação da diferença dos sexos* nos sistemas autorrepresentativos de um "sujeito masculino".

Daí a necessidade de "reabrir" as figuras do discurso filosófico – a ideia, a substância, o sujeito, a subjetividade transcendental, o saber absoluto – para fazer ressurgir delas os elementos que haviam sido emprestados do/pelo feminino, e fazê-las "devolver" o que elas devem ao feminino. O que pode ser feito de diversas maneiras, diversos "caminhos". Que serão, aliás, pelo menos muitos.

Um deles é interrogar *as condições de possibilidade da própria sistematização*: o que a coerência do enunciado discursivo oculta de suas condições de produção, seja o que for que diga o discurso. Por exemplo, a *"matéria"* da qual se nutre o sujeito falante para se produzir, se reproduzir; *a cenografia* que torna exequível a representação, tal como ela se define na filosofia, isto é, a arquitetura de seu teatro, seu enquadramento de espaço-tempo, sua economia geométrica, suas propriedades, seus atores, suas respectivas posições, seus diálogos, talvez suas trágicas relações, sem esquecer o *espelho,* com maior frequência escondido, que permite ao logos, ao sujeito, reduplicar-se, refletir-se, ele próprio. Todas essas intervenções na cena que, permanecendo não interpretadas, asseguram a sua coerência. É preciso, portanto, fazê-las voltar a atuar em cada figura do discurso, para abalá-lo em sua ancoragem no valor de "presença". Para cada filósofo – a começar pelos que determinaram uma época da história da filosofia –, será preciso examinar como se opera a ruptura da contiguidade material, a montagem do sistema, a economia especular.

Nessa releitura interpretativa, o processo assumido foi sempre, também, um processo psicanalítico. Portanto, uma atenção ao funcionamento do inconsciente de cada filosofia, e talvez da filosofia em geral. Uma escuta dos seus procedimentos de recalque, da estruturação da linguagem que escora suas representações, separando o verdadeiro do falso, o que tem sentido do que não tem sentido, etc. O que não significa que seja preciso entregar-se a alguma operação de interpretação simbólica, pontual, dos enunciados dos filósofos. O que, aliás, deixaria intacto o mistério da "origem". Trata-se antes de questionar o *funcionamento da "gramática"* de cada figura do discurso, suas leis ou requerimentos sintáticos, suas configurações imaginárias, suas redes metafóricas e também, é claro, o que ela não articula no enunciado: *os seus silêncios*.

Mas a psicanálise, mesmo auxiliada pela ciência da linguagem, não pode resolver – já vimos isso – a questão da articulação do sexo feminino no discurso. Mesmo que a teoria de Freud, por um efeito de repetição geral da cena – em todo caso, pelo que se refere à relação entre os sexos –, mostre claramente a função do feminino nela. *Resta-nos, portanto, tentar "destruir" o funcionamento discursivo*. O que não é um empreendimento simples... Pois, como poderemos nos introduzir em uma sistemática tão consistente?

Em primeiro lugar, talvez só haja um "caminho" a tomar, aquele que é historicamente delegado ao sexo feminino: *o mimetismo*. Trata-se de assumir, deliberadamente, esse papel. O que já é transformar em afirmação uma subordinação e, então, começar a impedir esta última. Enquanto recusar essa condição equivale, para o feminino, reivindicar a falar como um "sujeito" (masculino), ou seja, a postular uma relação ao inteligível que mantenha a indiferença sexual.

Jogar com a mimese é, portanto, para uma mulher, tentar reencontrar o lugar de sua expoliação pelo discurso, sem deixar simplesmente se reduzir a ele. É voltar a se submeter – colocando-se do lado do "sensível", da "matéria"... – a "ideias", principalmente sobre ela própria, elaboradas *em* e *por* uma lógica masculina, mas para fazer "aparecer", por um efeito de repetição lúdica, o que deveria permanecer oculto: o acobertamento de uma possível operação do feminino na linguagem. É também "revelar" o fato de que, se as mulheres imitam tão bem, é porque elas não se reabsorvem simplesmente nesta função. *Elas permanecem também em outro lugar*: outra persistência da "matéria", mas também do "gozo".

Em outro lugar da "matéria": se as mulheres podem jogar com a mimese, é porque podem realmente realimentar o seu funcionamento. Será que elas sempre alimentaram esse funcionamento? O "primeiro" passo da mimese não é o de re-produzir a natureza? De lhe dar forma para que ela seja possuída? Guardiãs da "natureza", as mulheres não são as que mantêm, que permitem, portanto, o recurso da mimese para os homens? Pelo logos?

Há aqui, certamente, a hipótese de que uma reviravolta – no interior da ordem fálica – é sempre possível. Essa remodelação não pode evitar o sangue vermelho. A mãe-matéria-natureza deve ainda e sempre alimentar a especulação. Mas esse recurso é também rejeitado como escória da reflexão, excluído como o que resiste: como loucura. Além da ambivalência que a mãe nutridora, fálica, chama sobre si, essa função deixa de lado o gozo da mulher.

Esse *"outro lugar" do gozo feminino* seria antes do lugar onde ele sustenta o êxtase no transcendental que deveria ser reencontrado. Do lugar onde ele serve de caução a um narcisismo extrapolado no "Deus" dos homens. Função que ela não pode assegurar senão ao custo de usurpação definitiva da prospecção, de sua "virgindade" inapta à representação de si. Gozo que deve permanecer inarticulável na linguagem, em sua linguagem, sob pena de questionar o que sustenta o funcionamento lógico. Também, o que é hoje o mais proibido às mulheres é tentar fazer falar o seu gozo.

Esse outro lado do gozo da mulher não é reencontrado senão ao custo de um *reatravessamento do espelho que subjaz a toda especulação*. Não se situando simplesmente nem em um processo de reflexão ou de mimetismo, nem em seu *aqui* – empírico opaco a toda linguagem –, nem em seu *lá* – infinito autossuficiente do Deus dos homens –, mas remetendo todas essas categorias e rupturas às necessidades da autorrepresentação do desejo fálico no discurso. Reatravessamento lúdico, indeterminado, que permitiria à mulher re-encontrar o lugar de sua "autoafeição". De seu "deus", poderíamos dizer. Um Deus ao qual é bem evidente não se ter recurso, a não ser que o seu *desdobramento seja admitido,* sem reconduzir o feminino à economia falocrática.

ESSE REATRAVESSAMENTO DO DISCURSO PARA ENCONTRAR UM LUGAR "FEMININO" SUPÕE A NECESSIDADE DE UM CERTO TRABALHO DA LINGUAGEM?

Não se trata, realmente, de interpretar o funcionamento do discurso permanecendo no mesmo tipo de enunciado como aquele que garante a coerência discursiva. Esse é, aliás, o perigo de toda declaração, de todo debate, sobre *Speculum*. E, mais geralmente, da questão da mulher. Pois falar *da* mulher ou *sobre* ela pode sempre ser entendido, ou voltar a ser entendido, como uma recuperação do feminino no interior de uma lógica que a mantém no recalque, na censura, no desconhecimento.

Em outras palavras, não se trata de elaborar uma nova teoria em que a mulher seria o *sujeito* ou o *objeto*, mas sim de fazer emperrar a própria maquinaria teórica, de suspender sua pretensão à produção de uma verdade e de um sentido demasiadamente unívocos. O que supõe que as mulheres não queiram simplesmente ser iguais aos homens quanto ao saber. Que elas não pretendam rivalizar com eles, construindo uma lógica do feminino que tomaria ainda como modelo o onto-teo-lógico, mas que tentem, antes, retirar essa questão da economia do logos. Que elas não a coloquem, portanto, sob a forma: "O que é a mulher?", mas sim repetindo e interpretando o modo como, no interior do discurso, o feminino se encontra determinado: como falta, defeito, ou como uma imitação e reprodução do inverso do que se entende por sujeito, e que assim elas signifiquem que, a respeito dessa lógica, um excesso disruptivo é possível, do lado do feminino.

Um excesso que só transponha o bom senso com a condição de que o feminino não renuncie a seu "estilo". O qual, certamente, não é um estilo segundo a conceituação tradicional.

Esse "estilo" ou "escritura" da mulher tende a incendiar as palavras-fetiches, os termos apropriados, as formas bem construídas. Esse "estilo" não privilegia o olhar, mas remete toda representação à sua fonte, também tátil. Nisso, ela se re-toca sem nunca constituir ou se constituir em alguma unidade. A simultaneidade seria o seu "apropriado".* Uma apropriação que não se detém jamais na identidade possível a si, de forma alguma. Sempre *fluida*, sem esquecer os caracteres dificilmente idealizáveis destes: esse roçar entre dois infinitamente vizinhos que estabelecem uma dinâmica. Seu "estilo" resiste a, e faz explodir, toda forma, figura, ideia, conceito, solidamente estabelecidos. O que não quer dizer que seu estilo não seja nada, como quer fazer crer uma discursividade que não pode pensá-lo. Mas o seu "estilo" não pode se sustentar como tese, não pode constituir o objeto de uma posição.

E mesmo os motivos do "tocar-se", da "proximidade", isolados como tais ou reduzidos a enunciados, poderiam efetivamente passar por uma tentativa de apropriar o

---

* Irigaray usa aqui a palavra *propre* e joga com seus diferentes sentidos: "adequado", "domesticado" mas também "propriedade", "próprio". Escolhemos "apropriado" por nos parecer remeter com menos dificuldade a todas as acepções. (N. E.)

feminino ao discurso. Restaria testar se o "tocar-se" – esse toque –, o desejo do próximo mais do que do próprio, etc., não implicariam um modo de troca irredutível a toda *centralização, centrismo*, dada a maneira pela qual o "tocar-se" da "autoafeição" feminina funciona como um remeter de um(uma) a outro, sem parada possível, e que a proximidade confunda, assim, toda adequação, apropriação.

Mas, certamente, se só houvesse nisso "motivos" sem trabalho da linguagem, a economia discursiva poderia subsistir. Como, portanto, tentar definir ainda esse trabalho da linguagem que daria lugar ao feminino? Digamos que todo corte dicotomizante, e ao mesmo tempo duplificador – compreendido entre enunciação e enunciado –, deve ser perturbado. Nada que tenha sido *estabelecido* não poderá ser revertido e remetido também ao *a-mais* dessa reversão. Em outras palavras: não haveria mais direito nem avesso do discurso, nem mesmo do texto, mas ambos passando de um a outro para fazer "ouvir" também o que resiste a essa estrutura recto/verso que sustenta o bom senso. Se isso deve ser praticado em todo sentido estabelecido – palavra, enunciado, frase, mas também, certamente, fonema, letra... –, convém fazer com que a leitura linear não seja mais possível: isto é, que a retroação do fim da palavra, do enunciado, da frase, ao seu início, seja levada em conta para desativar a potência de seu efeito teleológico, incluído no seu *après-coup*. O que valeria ainda para a oposição entre estruturas de horizontalidade e de verticalidade que operam na linguagem.

O que nos permite agir assim é interpretar, a cada "tempo", a *composição especular* do discurso, ou seja, a economia autorreflexiva (planificável) do sujeito nele. Economia que mantém, entre outras coisas, a ruptura entre sensível e inteligível e, portanto, a submissão, subordinação, exploração do "feminino".

Esse trabalho da linguagem tentaria assim desmontar toda manipulação do discurso que o deixasse, também, intacto. Não forçosamente no enunciado, mas nos seus *pressupostos autológicos*. A sua função seria, portanto, *desancorar o falocentrismo, o falocratismo*, para devolver o masculino à sua linguagem, dando espaço à possibilidade de uma outra linguagem. O que significa que o masculino não seria mais "o todo". Não poderia mais, sozinho, definir, delimitar, circunscrever as propriedades de tudo e do todo. Ou, ainda, que o direito de definir todo valor – inclusive o privilégio abusivo da apropriação – não lhe fosse mais arrogado.

ESSA INTERPRETAÇÃO DA ORDEM FILOSÓFICA E ESSE TRABALHO DA LINGUAGEM NÃO IMPLICAM UM JOGO POLÍTICO?

Toda operação sobre e na linguagem filosófica, graças mesmo à natureza desse discurso – por essência, político –, possui implicações que, não importa o quão mediadas sejam, são no entanto politicamente determinadas.

A primeira pergunta que deve ser feita é, portanto: como as mulheres podem analisar a sua exploração, inscrever suas reivindicações, em uma ordem prescrita pelo masculino? *Será possível uma política de mulheres?* Que transformação ela exigiria do próprio funcionamento político?

Nesses termos, quando os movimentos de mulheres questionam as formas e a natureza da vida política, o jogo atual dos poderes e das relações de força, eles efetivamente trabalham para uma modificação do *status* da mulher. No caso contrário, quando esses mesmos movimentos visam uma simples reviravolta na detenção do poder, deixando intacta a sua estrutura, eles voltam a se submeter, querendo ou não, a uma ordem falocrática. Esse é um gesto que certamente é preciso denunciar, e de um modo muito mais firme, já que ele pode constituir uma exploração mais sutilmente disfarçada das mulheres. Na verdade, esse gesto comporta certa ingenuidade: bastaria ser mulher para se estar fora do poder fálico.

Mas essas questões são complexas, na medida em que não se trata, evidentemente, para as mulheres, de renunciar à igualdade dos direitos sociais. Como articular a dupla "reivindicação": de igualdade e de diferença? Certamente, não aceitando este dilema: "luta de classes" ou "luta de sexos", que visa, novamente, reduzir a questão da exploração das mulheres a uma determinação do poder de tipo masculino. Mais exatamente, isso implica deixar para mais tarde, tempo indeterminado, uma "política" da mulher, fazendo essa política muito simplesmente se moldar às lutas dos homens.

A respeito disso, parece que *a relação entre o sistema de opressão econômica entre as classes e o que podemos designar como sistema patriarcal* tem sido bem pouco analisada dialeticamente, e, novamente, reconduzida a uma estrutura hierárquica.

Ora, "o primeiro antagonismo de classe que apareceu na história coincide com o desenvolvimento do antagonismo entre o homem e a mulher na monogamia, e a primeira opressão de classe com a do sexo feminino pelo masculino" (Engels, *A origem da família, da propriedade privada e do Estado*). Ou ainda: "Essa divisão do trabalho que implica todas essas contradições e se baseia, por sua vez, sobre a divisão natural do trabalho na família e sobre a separação da sociedade em famílias isoladas e opostas umas às outras; essa divisão do trabalho implica ao mesmo tempo a repartição do trabalho e de seus produtos, distribuição *desigual*, na verdade, tanto em qualidade como em quantidade: ela implica, portanto, a propriedade, cuja forma primeira, germe, está na família, na qual a mulher e os filhos são escravos do homem. A escravidão, certamente ainda muito rudimentar e latente na família, é a primeira propriedade, que, aliás, já corresponde perfeitamente aqui à definição dos economistas modernos, segundo a qual ela se equivale a dispor livremente da força de trabalho dos outros" (Marx-Engels, *A ideologia alemã*). Desse primeiro antagonismo, dessa primeira opressão, dessa primeira forma, primeira propriedade, desse germe... pode-se bem dizer que não significam senão só o "primeiro tempo" da história, ou seja, uma elaboração das "origens", por assim dizer, mítica. Acontece que essa primeira opressão é, ainda hoje, efetiva e que o problema é saber como ela se articula à outra, se é que é preciso dicotomizá-las tanto assim, opô-las, subordiná-las uma à outra, segundo os processos que ainda são estranhamente inseparáveis de uma lógica idealista.

Pois a ordem patriarcal é bem aquela que funciona como *organização e monopolização da propriedade privada em benefício do chefe da família*. É o seu nome próprio, o nome do pai, que determina a apropriação, inclusive no que se refere à mulher e aos filhos. E o que será exigido dela e dos filhos – monogamia para uma, precedência da filiação masculina, e especialmente do primogênito que carrega o nome, em relação aos outros – o será para assegurar "a concentração de grandes riquezas nas mesmas mãos, as de um homem" e para "transmitir essas riquezas, pela herança, aos filhos desse determinado homem e de nenhum outro"; o que, é claro, "não entrava de maneira alguma a poligamia aberta ou escondida do homem" (Engels, *op. cit.*) Como, então, se poderá dissociar a análise da exploração da mulher da análise dos modos de apropriação?

Essa questão é colocada hoje com uma necessidade diferente. Realmente, as relações entre homem e mulher começam a ser menos escondidas atrás das funções pai-mãe. Ou, mais exatamente, homem-pai/mãe: o homem, efetivamente, jamais foi reduzido a uma simples função reprodutora, dado o fato de ter sua participação efetiva nos negócios públicos. A mulher, ela, pela sua reclusão na "casa", o lugar da propriedade privada, não era mais do que mãe. E não somente sua entrada nos circuitos de produção mas também – ainda mais? – a generalização da contracepção e do aborto a entregam esse papel impossível: ser mulher. E se não se fala ainda da contracepção e do aborto a não ser como possibilidade de controlar, isto é, de "dominar" os nascimentos, de se tornar mãe "voluntariamente", isso não impede que essas medidas acarretem uma possibilidade de *modificação do* status *social da mulher*, e portanto dos modos de relações sociais entre o homem e a mulher.

Mas a mulher, independentemente de sua função reprodutora, corresponderia a qual realidade? Parece que lhe seriam reconhecidos dois papéis possíveis, às vezes – ou mesmo frequentemente – contraditórios. A mulher seria *igual ao homem*. Ela gozaria, em um futuro mais ou menos próximo, dos mesmos direitos econômicos, sociais e políticos dos homens. Ela seria um homem em devir. Mas, no mercado de trocas – especialmente e exemplarmente o mercado sexual –, a mulher também deveria preservar e manter o que é denominado como *feminino*. O valor da mulher viria de seu papel maternal e, por outro lado, de sua "feminilidade". Mas, na realidade, essa "feminilidade" é um papel, uma imagem, um valor imposto às mulheres pelos sistemas de representação dos homens. Nessa mascarada da feminilidade, a mulher se perde, justamente à medida em que a encena. O que não impede que isso lhe exija um *trabalho* pelo qual não é paga. A menos que o seu prazer não seja simplesmente o de ter sido escolhida como objeto de consumo ou de cobiça por "sujeitos" masculinos. E, aliás, como proceder de outra forma sem ficar "fora do comércio"?

Na nossa ordem social, as mulheres são "produtos" utilizados, trocados pelos homens. Seu *status* é o das "mercadorias". Como esse objeto de uso e de transação poderá reivindicar um direito à palavra e, de modo mais geral, uma participação nas trocas? As mercadorias, é sabido, não vão sozinhas ao mercado, e se elas pudessem falar... As mulheres devem, portanto, permanecer como uma "infraestrutura" desconhecida como tal pela nossa sociedade e pela nossa cultura. O uso, o consumo, a circulação de seus corpos sexuados assegura a organização e a reprodução da ordem social, sem que jamais elas tenham participado dela como "sujeitos".

A mulher, portanto, está em uma situação de *exploração específica* em relação ao funcionamento das trocas: sexuais, mas, de maneira mais generalizada, econômicas, sociais, culturais. Ela não "entra" nelas a não ser como objeto de transação, a menos que aceite renunciar à especificidade do seu sexo – cuja "identidade" lhe é, aliás, imposta segundos modelos que lhe permanecem estranhos. A inferioridade social da mulher reforça-se e complica-se pelo fato de que ela não tem acesso à linguagem, a não ser pelo recurso a sistemas "masculinos" de representação, que a desapropriam de sua relação consigo própria e com as outras mulheres. O "feminino" não se determinaria nunca a não ser pelo e para o masculino, e a recíproca não é "verdadeira".

Mas essa situação de opressão específica é talvez o que pode permitir às mulheres, hoje, elaborar uma "crítica da economia política", já que elas estão em posição de exterioridade em relação às leis de troca, sendo incluídas nelas como "mercadorias". Crítica da economia política que não poderia, desta vez, dispensar a crítica do discurso no qual ela se realiza, e principalmente a de seus pressupostos metafísicos. E que interpretaria, sem dúvida, de maneira diferente *o impacto da economia do discurso na análise das relações de produção.*

Pois, sem a exploração do corpo-matéria das mulheres, o que aconteceria com o funcionamento simbólico que regulamenta a sociedade? Que modificação sofreria se as mulheres, objetos de consumo e de troca, forçosamente afásicas, se transformassem também em "sujeitos falantes"? E certamente não segundo o "modelo" masculino, ou mais exatamente, falocrático.

Assim, não deixaria de ser questionado o discurso que dita a lei hoje em dia, que legisla sobre tudo, inclusive sobre a diferença dos sexos, a ponto da existência de um outro sexo, mulher, lhe parecer ainda inimaginável.

5

COSÌ FAN TUTTI

"Aquele que eu suponho ter o saber, eu o amo."

"Elas não sabem o que dizem, essa é toda a diferença entre elas e eu."

(Jacques Lacan)*

---

* Citações extraídas de *Encore, Le Séminaire XX*, de Jacques Lacan, Éditions du Seuil. (N. A.)

A psicanálise mantém, sobre a sexualidade da mulher, o discurso da verdade. Um discurso que diz o verdadeiro sobre a lógica da verdade: isto é, que *o feminino só pode ter lugar no interior de modelos e leis decretados por sujeitos masculinos*. O que implica que não há realmente dois sexos, mas um só. Uma única prática e representação do sexual. Com sua história, suas necessidades, seus revezes, suas faltas, seu/seus negativos... para os quais o sexo feminino serve de suporte.

Esse modelo, *fálico*, participa dos valores promovidos pela sociedade e pela cultura patriarcais, valores inscritos no *corpus* filosófico: propriedade, produção, ordem, forma, unidade, visibilidade... ereção.

Repetindo essa tradição ocidental, em parte por desconhecimento, e a cena na qual ela se representa, a psicanálise traz à luz a verdade dessa tradição, *sexual*, desta vez.

Então, a propósito de "tornar-se uma mulher normal", aprendemos, com Freud, que isso não tem e não pode ter mais do que uma motivação: a "inveja do pênis", ou seja, o desejo de se apropriar do sexo que monopoliza culturalmente o valor. Não o tendo, as mulheres não podem senão invejar o dos homens e, não tendo o poder de tê-lo, cabe a elas procurar encontrar seus equivalentes. Além disso, a mulher não alcança realização senão na maternidade, parindo um filho, "substituto do pênis", e, para que sua felicidade seja completa, portador de um pênis. A realização perfeita do devir mulher, segundo Freud, seria reproduzir o sexo masculino, desprezando o seu próprio sexo. Na verdade, a mulher jamais sairia verdadeiramente do complexo de Édipo. Permaneceria sempre fixada ao desejo do pai, assujeita ao pai, e à sua lei, pelo medo de perder o seu amor: a única coisa capaz de lhe dar algum valor.*

Mas a verdade mais profunda sobre a sexualidade feminina é enunciada ainda com maior rigor quando a psicanálise toma como objeto de investigação o *discurso em si*. Nele, não há anatomia que viria servir, embora muito pouco, de prova-álibi para uma efetiva diferença dos sexos. Estes não se definem senão pela sua determinação na e para a linguagem. Assim, não se deve esquecer que as leis são prescritas, há séculos, por sujeitos masculinos.

O que resulta, portanto, em: "A mulher não existe senão como excluída pela natureza das coisas, que é a natureza das palavras, e é preciso dizer que, se há algo do qual elas se queixam muito, neste instante, é bem disso mesmo – simplesmente, elas não sabem o que dizem, essa é toda a diferença que há entre elas e eu."

Eis aí o que é nitidamente enunciado. As mulheres estão na posição de exclusão. É disso que podem se queixar... Mas é o seu discurso, pelo fato de ele constituir a lei – "é toda a diferença entre elas e eu"? – que pode saber o que há a saber dessa exclusão. O qual, aliás, a perpetua. Sem que haja, para elas, grande esperança de evadir-se dele. Essa exclusão é *interna* a uma ordem à qual nada escaparia: a ordem do seu discurso (do homem).

---

* Sobre o posicionamento de Freud a respeito da sexualidade feminina, ver "Retorno à teoria psicanalítica". Para consultar uma crítica detalhada, leia *Speculum: de l'autre femme* (Paris: Éditions de Minuit, 1974). (N. A.)

À objeção de que ele não seja, talvez, todo, seria respondido que elas é que são "não-todas".

Nenhuma realidade sairá indene dessa maquinaria projetiva circunscritiva. Viva. Todo "corpo" será transformado por ela. Esse é o único jeito de o "sujeito" gozar do corpo, depois de o ter despedaçado, vestido, transvestido, mortificado, em suas fantasias. O que se teme é que, dessas fantasias, ele faça lei, chegando a confundi-las com a ciência: à qual nenhuma realidade resiste. O todo já está circunscrito e determinado em e pelo seu discurso.

"Não há nenhuma realidade pré-discursiva. Cada realidade se baseia e se define por um discurso. É por isso que é importante para nós percebermos do que é feito o discurso analítico, e que não desconheçamos, o que sem dúvida tem somente um lugar limitado, que nesse discurso falamos daquilo que o verbo *foder* expressa perfeitamente. Falamos de *foder* – em inglês, o verbo é *to fuck* – e dizemos que isso não funciona."

Isso não funciona... Atuemos a partir de imperativos lógicos. O que se questiona na realidade encontra seu motivo em uma lógica que já ordenou a realidade como tal. Nada escapa à circularidade desta lei.

Sendo assim, como então definir as mulheres, essa "realidade" um tanto resistente ao discurso?

"O ser sexuado dessas mulheres não-todas não passa pelo corpo, mas pelo que resulta de uma exigência lógica na fala. De fato, a lógica, a coerência inscrita no fato de existir a linguagem e que está fora dos corpos que são agitados por ela, em suma, o Outro que se encarna, por assim dizer, como ser sexuado, exige esse uma a uma."

A sexuação da mulher seria, portanto, o efeito de uma exigência lógica, da existência de uma linguagem, transcendente aos corpos, que necessitaria – não obstante –, para se encarnar, "por assim dizer", tomar as mulheres uma a uma. Entendam que a mulher não existe, mas que a linguagem existe. Que a mulher não existe devido ao fato de a linguagem – uma linguagem – reinar como mestre, e que ela traria o risco – como uma espécie de "realidade pré-discursiva"? – de perturbar a sua ordem.

Aliás, é justamente por não existir que ela sustenta o desejo desses "seres falantes" que são denominados homens: "Um homem procura uma mulher – isso parecerá curioso a vocês – a partir do que não se situa senão no discurso, pois que, se for verdade o que digo, a saber que a mulher não é toda, há sempre algo nela que escapa ao discurso".

O homem a procura, portanto, por tê-la inscrito no discurso, mas como falta, como falha.

Será que a psicanálise, com o seu grande rigor lógico, seria uma teologia negativa? Ou, antes, o negativo da teologia? Já que postula como causa do desejo uma falta enquanto tal.

Desse movimento de teologia negativa, a psicanálise negligencia também o trabalho sobre as projeções: o desinvestimento de Deus dos predicados mundanos e de toda predicação. O obstáculo fálico resiste a se deixar desapropriar, e o Outro permanecerá como o lugar de inscrição de suas formações.

Mas, para um psicanalista, desvincular-se do corpo não é sempre uma tarefa fácil. Como proceder para reduzi-lo, dentro dessa maquinaria lógica?

Felizmente, existem as mulheres. De fato, se o ser sexual dessas mulheres "não-todas" não passa pelo corpo – pelo menos não pelo corpo delas –, elas terão, ao menos, de sustentar a função de objeto "a", esse resto de corpo. O ser sexuado feminino no e para o discurso seria também um lugar de depósito dos restos produzidos pelo funcionamento da linguagem. Para que seja assim, a mulher deverá permanecer um corpo sem órgão(s).

Por esse motivo, tudo o que concerne às zonas erógenas da mulher não tem, para o psicanalista, o menor interesse: "Então o chamam como podem, esse gozo, *vaginal*, eles falam do polo posterior do focinho do útero e de outras bobagens, como é o caso de se dizer".

Não vale a pena escutar a geografia do prazer feminino. Elas (as mulheres) não valem a pena de ser ouvidas, sobretudo quando tentam falar do seu prazer: "elas não sabem o que dizem", "desse gozo, a mulher não sabe nada", "o que me dá alguma chance de avançar nisso... é que, a partir do momento em que lhes suplicamos, que lhes suplicamos de joelhos – na última vez eu falava das analistas mulheres –, que tentem nos dizer, muito bem, bico calado! Nunca se pôde nunca tirar nada [delas]..." *nossas colegas, as damas analistas, sobre a sexualidade feminina, elas não nos dizem... tudo.* É chocante. Elas não contribuíram em nada para fazer avançar a questão da sexualidade feminina. Deve haver, para isso, uma razão interna, ligada à estrutura do aparelho de gozo".

A questão de saber se, em sua lógica, elas podem articular seja lá o que for, ou que possam ser ouvidas, não é nem ao menos colocada. Colocá-la seria aceitar que poderia haver uma outra lógica, que perturbaria a dele. Isto é, uma lógica que desafiaria a mestria.

E, para que seja sem importância, é a uma estátua que é concedido o direito ao gozo... "Basta a vocês irem a Roma ver a estátua de Bernini para compreender imediatamente que ela, Santa Teresa, goza, sem dúvida nenhuma."

A Roma? Tão longe? Para olhar? Uma estátua? De santa? Esculpida por um homem? De que gozo se trata? O gozo de quem? Pois, no que se refere ao da Teresa em questão, talvez os seus escritos digam mais.

Mas, como "lê-los" quando se é um "homem"? A produção de ejaculações de todas as espécies, frequentemente emitidas muito precocemente, o faria falhar em conceber, no desejo de identificação com a dama, do que se trataria no gozo dela.

E... o dele?

Mas que a relação sexual seja incapaz de uma articulação a esse respeito, é o que lhe permite dizer: "entre os sexos, no ser falante a relação não se estabelece, por mais que seja somente a partir daí que se pode enunciar o que faz suplência a essa relação".

Se, portanto, a relação se estabelecesse, tudo o que é enunciado até o presente valeria como efeito-sintoma de sua evitação? É bom saber disso, mas ouvir ser dito não é a mesma coisa. Daí o necessário mutismo sobre o gozo dessas mulheres-estátuas, as únicas aceitáveis na lógica do desejo [do homem].

"O que dizer disso? – a não ser que um campo que não é, apesar de tudo, 'nada', seja assim ignorado. Esse campo é o de todos os seres que assumem o *status* da mulher – se de fato esse ser assumir o que quer que seja sobre o seu destino."

Como poderia – esse "ser" – assumi-lo, já que é designado em um discurso que exclui, por essência, a alternativa de que se possa dizer de si?"

Tratar-se-ia, então, de estatuir sobre a sua relação com o "corpo" e sobre o modo pelo qual os sujeitos podem gozar com ele. Problema econômico delicado, pois abriga o *nonsense*. "Dito de outra forma, trata-se de que o amor seja impossível e que a relação sexual mergulhe no *nonsense*, o que não diminui em nada o interesse que temos de ter pelo Outro."

Convém, portanto, proceder prudentemente – na cama.

"Estamos reduzidos, simplesmente, a um pequeno abraço, assim, a pegar um antebraço ou qualquer outra coisa – uh!"

Mesmo para tão pouco? Dor? Surpresa? Dilaceramento? Sem dúvida, essa parte não estava ainda "corporificada de maneira significante"? Não suficientemente trasmudada em "substância gozante"?

"Não é isso o que supõe, adequadamente, a experiência psicanalítica? – a substância do corpo, com a condição de que ela se defina unicamente como aquilo de que se goza. Propriedade do corpo vivo, sem dúvida, mas nós não sabemos o que seja estar vivo a não ser unicamente isto, que se goza com um corpo. Só se goza ao corporificá-lo de forma significante. O que implica algo diferente que o *partes extra partes* da substância extensiva... Como é sublinhado admiravelmente por essa espécie de kantiano que era Sade, não se pode gozar senão com uma parte do corpo do Outro, pelo simples motivo de que nunca se viu um corpo se enrolar completamente em torno do corpo do Outro até chegar a se incluir nele e fagocitá-lo". O que está em jogo é, portanto, "o *gozar de um corpo*, de um corpo que, como Outro, simbolize-o, e que comporte talvez algo de natureza a permitir o esboço de uma outra forma de substância, a 'substância gozante'".

"Uh!...", do outro lado. Por onde se deve passar para assegurar essa trans-formação? Como, quantas vezes, será preciso ser cortado em "partes", "martelado", "golpeado"... para se tornar suficientemente significante? Suficientemente substancial? Isso tudo, sem se saber nada. Apenas experimentando...

Mas, "gozar tem essa propriedade fundamental que é, em suma, o corpo de um que goza de uma parte do corpo do Outro. Mas essa parte também goza – gratifica o Outro, em maior ou menor intensidade, mas é um fato ao qual ele não pode permanecer indiferente".

É um fato. Gratifica, mais ou menos. Mas não parece estar nisso – para ele – a questão. Ela se situa antes em como atingir o mais-de-gozar de um corpo.

Mais-de-gozar? Mais-valia? Esse bônus de prazer no conhecimento não deveria – se possível... – fazer esquecer o tempo para compreender. Se esse tempo for dispensado, a ignorância de vocês acrescentará um mais-de-gozo à (sua) lógica. Portanto, menos-de-gozo, senão de seu saber. Do qual ele goza – de todo jeito...

mais do que vocês. Caso se deixarem seduzir rapidamente demais, caso se sentirem muito precocemente satisfeitas (?), vocês se tornarão cúmplices dessa mais-valia cuja fala tira benefícios de seus corpos relutantes.

O mais-de-gozar se refere, nesse tempo, ao corpo – do Outro. Ou seja, para o sujeito, um mais-de-gozar disso que o instaura enquanto ser falante.

Não é, portanto, de seu corpo que se trata, "a querida mulher", mas do que a faz suportar de desconhecido no funcionamento da linguagem. Compreendam, por ela, a sua ignorância quanto ao que lhe acontece...

O que ele explica, além do mais: "É por isso que digo que a imputação do inconsciente é um fato de caridade inacreditável. Eles sabem, eles sabem, os sujeitos. Mas, enfim, o mesmo, eles não sabem tudo. No nível desse não-tudo/todo,* só há o Outro a não saber. É o Outro que promove o não-tudo/todo, justamente naquilo em que ele é a parte não-sabida-do-tudo/todo. Então, momentaneamente, pode ser cômodo torná-lo responsável por isso, e é a isso que chega a análise da maneira mais confessa, só que ninguém percebe – se a libido só é masculina, para a querida mulher é somente a partir do ponto em que ela é toda, isto é, de onde o homem a vê, só desse lugar, que a querida mulher pode ter um inconsciente".

O que é dito: a mulher não tem inconsciente a não ser aquele que lhe é dado pelo homem. A mestria é nitidamente admitida, mas de maneira tal que ninguém perceba isso. Gozar de uma mulher, psicanalisar uma mulher, equivale portanto, para um homem, a se reapropriar do inconsciente que ele lhe emprestou. Apesar disso, ela continua a pagar, e ainda... com o seu corpo.

Uma dívida intolerável que ele quita ao fantasiar que ela quer tirar do corpo dele justamente a parte que ele

---

* Em francês, *pas tout*. Que pode ser traduzido como "não-tudo" e "não-todo". Irigaray parece querer denunciar que tanto "tudo" quanto "todo", enquanto conjunto, podem ser associados ao homem. À mulher, neste contexto, o "não-todo", ao desenvolver sua interpretação (e desdobramentos) dos enunciados lacanianos. (N. E.)

valoriza mais. Por sua vez, ele pula um tempo lógico. Se ela quer alguma coisa, é em função do inconsciente que ele lhe "imputa". Ela não quer nada, a não ser o que ele lhe atribui como querer. Se ele esquecer esse momento de constituição do predicado – de seus predicados –, corre-se o risco de perder o gozo em jogo. Mas será que não é assim que é assegurada a renovação do seu desejo?

"E isto serve para quê?" "Para quem?". Isso lhe serve, como cada qual sabe, a fazer falar o ser falante, aqui reduzido ao homem, isto é – não sei se vocês repararam bem nisso na teoria analítica –, a não existir senão como mãe."

Matriz, inconsciente, da linguagem do homem, ela não teria, em relação a si mesma, uma relação com o "seu" inconsciente senão a que é marcada por uma irredutível desapropriação. Na ausência, êxtase... e silêncio. A ek-sistência aquém ou além de todo sujeito.

Como, a partir desses arrebatamentos, retorna a mulher à sociedade dos homens? "Frente a esse gozo no qual ela é não-toda, isto é, que faz dela algum lugar ausente enquanto sujeito, ela encontrará o tampão nesse 'a' que será o seu filho."

Sim... Ainda... Sem filho, não há pai? Nem solução, segundo a lei, para o desejo da mulher? Sem um (en)cerramento possível em uma função maternal reprodutora de corpos-tampões que vedariam, solidamente, a brecha da ausência de relações sexuais. E o abismo com que se ameaça indefinidamente toda construção social: simbólica ou imaginária. Para quê, para quem servem, portanto, esses tampões "a"?

Tudo vale, contanto que a mulher não seja "sujeito", isto é, que não desorganize, com sua fala, seu desejo, *seu* gozo, o funcionamento da linguagem que faz a lei. Da economia de poder prevalecente.

Será até concedida à mulher uma relação privilegiada com "Deus", contanto que ela se aquiete. Entendam: a circulação fálica. Permanecendo ausente como "sujeito", ela consente, e consente firmemente, que ele detenha a mestria. No entanto, é uma operação um tanto arriscada... E se ela viesse a descobrir a causa de sua causa? No gozo "dessa *ela* que não existe e nem significa nada"? Essa "ela" que elas bem poderiam compreender, um dia, como a projeção sobre esse "ser" in-fans – que elas representam para ele – de sua relação com o niilismo.

Pois eles não sabem de tudo, os sujeitos. E, do lado da causa, eles bem poderiam se deixar invadir, dado o que fizeram o Outro suportar. O problema é que eles ainda têm a lei do seu lado, e que não hesitam, se for o caso, de usar a força...

☆ ☆ ☆

Portanto não existiria, *para as mulheres*, lei possível para o seu gozo. Não mais do que discursos. Causa, efeito, finalidade... a lei e o discurso compõem um sistema. E se as mulheres – segundo ele – não podem dizer nada sobre o seu gozo, nem saber nada, é porque esse gozo não pode absolutamente se organizar na e por uma linguagem que seria a título delas. Ou... dele?

O gozo das mulheres seria – para elas, mas sempre segundo ele – irredutivelmente an-árquico e a-teleológico. O imperativo que lhes seria imposto – mas unicamente do exterior, e não sem violência – seria "goze sem lei". Isto é, segundo a ciência psicanalítica, sem desejo. Fortuito, acidental, inopinado – "suplementar" ao essencial – sobreviria esse estranho estado de "corpo" que eles chamariam de gozo delas. Do qual elas não saberiam nada, não gozando, portanto, verdadeiramente. Mas que os excederia, eles, na sua economia fálica. Uma espécie de "experenciar", um teste? Que os "sacudiria" mas também os "socorreria", quando isso acontecesse.

Mas não por um acaso, absolutamente: eles não poderiam privar-se disso como prova da existência de uma relação entre o corpo e a alma. Como sintoma da existência de um "composto substancial", de uma "união substancial entre a alma e o corpo" cuja função seria assegurada pela "substância gozante"?

E como nada de inteligível poderia, sozinho, realizá--la, essa prova (ou teste) ficaria consagrada ao domínio do sensível. Por exemplo, o gozo da mulher. *Amulher.** De um corpo-matéria, marcado pelos significantes deles e suporte de suas almas-fantasias. Lugar de inscrição de sua decodificação como sujeitos falantes e de projeção dos "objetos" de seu desejo. A cisão e a fenda entre esses dois, transferidos sobre o corpo dela, fazendo que ela gozasse – apesar de tudo –, mas que não impediria que ela fosse, ou se julgasse, "frígida". Gozo sem gozo: impacto de um resto de corpo-matéria "silencioso", que a sacudiria por intervalos, interstícios, mas dos quais ela não saberia nada. Não "dizer" nada desse gozo, apesar de tudo e, portanto, não gozar dele. Eis que ela suporta, para eles, a dupla função do impossível e do interdito.

Portanto, se há – ainda – o gozo feminino é porque os homens têm necessidade dele para se manterem em sua existência. É útil a eles, para suportarem o intolerável do mundo deles enquanto seres falantes, para terem uma alma estranha a esse mundo: fantasística. E no entanto "paciente e corajosa" – qualidades divertidas, no que se refere a fantasias. Logo se vê a quem será incumbida a guarda dessa fantasia. As mulheres não têm alma: elas são a garantia da alma dos homens.

Mas não é suficiente, é claro, que essa alma permaneça simplesmente exterior ao universo deles. É preciso também que ela se rearticule ao "corpo" do sujeito falante. É *necessário* que a junção da alma – fantasística – e do corpo – transcrito da linguagem – se realize graças a "instrumentos" deles: no gozo feminino.

O álibi dessa operação, um tanto espiritualisticamente amorosa, será que ela não possa ser atingida pelo/para o homem senão na perversão. O que seria, pelo menos nas aparências, mais diabólico do que a contemplação

---

* Irigaray escreve o neologismo *l'afemme*, artigo e substantivo compõem uma palavra só. (N. E.)

do Ser supremo. Resta saber no que isso seria um corte radical. No mais, isso não dissimula o seu diferir? O decoro perverso se interpõe.

Mas eles afirmam que elas não podem dizer nada sobre o seu gozo. O que é confessar a limitação do seu próprio saber. Pois, "quando se é homem, vê-se na parceira aquilo em que se suportar, aquilo em que narcisisticamente nos apoiamos".

Será que a partir desse ponto, esse gozo inefável, estático, não estaria no lugar, para eles, de um Ser supremo, do qual eles precisam narcisicamente, mas que se esquiva, finalmente, ao seu saber? Será que esse gozo não desempenha – para eles – a função de Deus? Com a condição, para eles, de que elas sejam bastante discretas para não perturbá-los na lógica de seu desejo. Pois é bem necessário que Deus esteja lá para que os sujeitos falem, ou seja, para que falem dele. Mas "Ele" não tem, quanto a "Si próprio", nada a dizer a esse(s) sujeito(s). Cabe aos homens promulgarem suas leis. E submetê-lo, principalmente, à sua ética.

O gozo sexual, portanto, mergulha no corpo do Outro. Ele se "produz" pelo fato de o Outro escapar, em parte, do discurso.

O "falicismo" supre essa crise discursiva: ele se sustenta no Outro, nutre-se do Outro, deseja a si mesmo a partir do Outro, nunca aludindo como tal. Uma barreira, uma quebra, um corte fantasístico, uma economia significante, uma ordem, uma lei, regulamentam o gozo do corpo do Outro. Desde então submetido(a) à enumeração: um(a) a um(a).

As mulheres serão tomadas, postas à prova, uma a uma, para evitar o *nonsense*. Ao "não-todo" da mulher no dizível do discurso responde a necessidade de tomá-las, pelo menos potencialmente, todas, para fazê-las suportar a falha daquilo que não se pode dizer, mesmo quando se dispõe dessa substância – nascida por último – chamada de "gozante". A falta de acesso ao discurso do corpo do Outro transforma-se em intervalos entre elas todas. O ek-stase do Outro, em relação à linguagem pronunciável – que certamente deve subsistir como causa do ainda-gozar – é moderado, medido, dominado na submissão das mulheres à contagem.

Mas essa falha, essa abertura, esse buraco, esse abismo – no funcionamento do discurso – vão se encontrar também recobertos por uma outra substância: a extensão. Submetida à prospecção da ciência moderna. "A famosa substância em extensão, complemento do Outro (pensante), da qual não se desvencilha facilmente, pois é o espaço moderno, substância de puro espaço, como se diz puro espírito, não se pode dizer que isso seja prometedor."

O lugar do Outro, o corpo do Outro, vão então ser soletrados na topo-logia. Mais próxima da coalescência do discurso e da fantasia, na verdade de uma orto-grafia do espaço, a possibilidade da relação sexual vai se perder.

Pois, reenfatizar o espaço seria, talvez, reestabelecer uma oportunidade ao gozo do outro – mulher. Mas, ainda, querer fazer com que a ciência volte a inseri-lo na lógica do sujeito. Voltando a dar o "a-mais" ao mesmo. A reduzir o outro ao Outro do Mesmo. O que poderia também ser interpretado como submissão do real ao imaginário do sujeito falante.

Mas será que o gozo mais indubitável não seria falar do amor? O que mais existe, para enunciar a verdade?

"Falar de amor, realmente, não se faz senão isso, no discurso psicanalítico. E como não sentir que a respeito de tudo isso que pode se articular desde a descoberta do discurso científico, é, pura e simplesmente, uma perda de tempo? O que o discurso psicanalítico nos traz – e talvez seja esse, afinal, o motivo de sua emergência em um certo ponto do discurso científico – é que falar de amor é em si um gozo."

O gozo ao qual se aferrariam os psicanalistas? Eles, que sabem – pelo menos os que são capazes de saber alguma coisa – que a relação sexual não existe, que o que

a suplementa há séculos – basta lembrar toda a história da filosofia – é o amor. E como este é um efeito da linguagem, aqueles que sabem podem se debruçar diretamente sobre a causa. Causa, portanto, sempre...
E esse divertimento homossexual não está em via de se esgotar. Já que "não há", que "é impossível de se estabelecer a relação sexual. É nisso que se exora a vanguarda do discurso psicanalítico, e é com base neste fundamento que ele determina o *status* de todos os outros discursos".

Não havendo como tal a "relação sexual", não podendo ela ser *estabelecida*, só nos cabe subscrever tais afirmações. É dizer que o discurso da verdade, discurso da "de-monstração", não pode assumir na economia de sua lógica a relação sexual. Dizer, portanto, que não existe relação sexual possível, não será pretender dizer que desse logos não escapa, e que ele é assimilado ao único discurso do conhecimento?

Não seria, então, considerar como a-histórico o privilégio histórico do *(de)monstrável*, do *tematizável*, do *formalizável*? A psicanálise permaneceria presa no discurso da verdade? Falando do amor, como sempre fez. Com um pouco mais de ciência? De instrumentos para o gozo? Assim reencadeado ao único ato da fala? O modo mais seguro de se perpetuar a economia fálica. Que, claro, anda lado a lado com a economia da verdade.

Para as mulheres, isso traria problema. Elas, que sabem tão pouco. Sobretudo no que diz respeito ao seu sexo. Que não diz – a elas – nada. Somente por meio do gozo do "corpo" – do Outro? – que elas articulariam alguma coisa. Mas eles [homens] não compreenderiam nada, pois eles gozam é o gozo do seu órgão: o obstáculo fálico.

Para as mulheres, o gozo "do corpo"; para os homens, o do "órgão". A relação entre os sexos teria lugar no interior do Mesmo. Mas uma barreira – ou duas? – o cindiria em dois – ou três: que não mais se encontrariam, a não ser no funcionamento do discurso. Verdade da consciência, verdade do "sujeito" do inconsciente, verdade do silêncio do corpo do Outro.

O ato sexual entre o que se pode ou não dizer do inconsciente – distinção dos sexos em função de sua habitação na linguagem, ou por ela – seria realizado melhor na sessão de análise. Em qualquer outro lugar, fracassaria. Pelo fato dessa repartição dos sexos na relação: na barra.

Uma barra que, sem dúvida, conserva a fenda existente no outro. Outro irredutível ao mesmo. Já que o sujeito não pode gozar dele como tal. Que o outro falte a si próprio, sempre. Pode haver nisso uma maior garantia de que há um outro? Do Outro do Mesmo.

Pois, definindo-se assim os sexos, não estaríamos retornando à divisão tradicional entre o inteligível e o sensível? Que este se encontre, eventualmente, provido de uma letra maiúscula, assinala sua subordinação à ordem inteligível. O inteligível é, além disso, como o lugar de inscrição das formas. O que não deve nunca se saber simplesmente.

O Outro seria submisso à inscrição sem saber nada disso. Como acontecia já em Platão? O "receptáculo" recebe as marcas de tudo, compreende tudo – exceto ele próprio –, sem que sua relação com o inteligível seja jamais estabelecida, na verdade. O receptáculo pode reproduzir tudo, "imitar" tudo, exceto a si próprio: a matriz do mimetismo. O receptáculo saberia, portanto, tudo, de alguma forma – já que recebe tudo –, sem saber nada sobre isso, e sobretudo sem saber de si próprio. E sua função quanto à linguagem, quanto ao significante em geral, seria inacessível a ele pelo fato de ter de ser o (ainda sensível) suporte desta função. O que tornaria estranha sua relação com a ek-sistência. Ek-sistindo em relação a toda forma (de) "sujeito", ele não existiria em si mesmo.

A relação com o Outro, de/para/em/através... do Outro, é impossível: "não há o Outro do Outro". O que pode ser entendido como: não há metalinguagem, exceto quando o Outro *assume o posto*, suspendendo em sua ek-sistência a possibilidade de um outro (uma outra). Pois, se houvesse um outro – sem esse salto, forçosamente ek-stático, da maiúscula –, toda a economia autoerótica, autoposicional, autorreflexiva... do sujeito ou do "sujeito", seria perturbada, tresloucada. A impossível "autoafeição" do Outro por si próprio – ou do outro por ela própria? – seria a condição de possibilidade de formação de seus desejos por todo sujeito. O Outro serve de matriz para os seus significantes, e isso seria a causa de seu desejo. Do valor, também, de seus/desses instrumentos para se reestabelecer no que assim o determina. Mas o gozo do órgão como tal o amputaria, finalmente, do objeto que persegue. O próprio órgão, formal, ativo, se toma como fim, e arruina assim sua copulação com a "matéria sensível". O privilégio do poder técnico faz do falo o obstáculo à relação sexual.

Além do mais, a única relação desejada seria com a mãe: com o "corpo", matriz-nutridora dos significantes. A anatomia, pelo menos, não congestiona mais a distribuição dos papéis sexuais... Com uma exceção: como não existe mulher possível para o desejo do homem, como a mulher não se define senão pelo que ele a faz suportar do discurso, e sobretudo de sua falta, "frente a esse gozo no qual ela é não-toda, isto é, que faz dela algum lugar ausente de si própria, ausente enquanto sujeito, ela encontrará o tampão desse 'a' que será seu filho".

Essa citação merece ser ouvida várias vezes: a anatomia é reintroduzida aqui sob o modo da produção necessária da criança. Um postulado menos científico, mas mais estritamente metafísico do que na teoria freudiana.

E que a mulher não existe, "se há um discurso que o demonstra, é bem o discurso analítico, por colocar em jogo essa noção de que a mulher não será tomada senão *quoad matrem*. A mulher não ocupa função na relação sexual senão como mãe".

Que a mulher não seja "tomada senão *quoad matrem*" está inscrito em toda a tradição filosófica. É mesmo uma de suas condições de possibilidade. Uma das necessidades, também, de seu fundamento: é da terra-mãe-natureza (re)produtora que a produção do *logos* vai tentar retomar seu poder, prescrevendo a potência do/do(s) início(s) no monopólio da origem.

A teoria psicanalítica enuncia, portanto, a verdade sobre o *status* da sexualidade feminina, e da relação sexual. Mas ela para por aí. Recusando interpretar as determinações históricas de seu discurso – "... essa coisa que eu detesto pelos melhores motivos, isto é, a História" –, e particularmente o que infere a sexuação até o presente exclusivamente masculina da aplicação de suas leis, ela se mantém presa no falocentrismo, que pretende elevar a um valor universal e eterno.

☆ ☆ ☆

Restaria, então, o gozo de falar do amor. O gozo, ainda e sempre, da alma antiga. Cuja ciência a teoria psicanalítica tentaria elaborar. Para um mais-gozar? Mas de quê? De quem? E, entre quem e quem?

Questão impertinente: o gozo não estaria nunca na relação. Exceto na relação ao mesmo. Gozo narcísico que o senhor, que se crê o único, confunde com o gozo do Um.

Como, então, é possível haver amor, ou gozo do outro? A não ser falando disso. Circunscrevendo o abismo da teologia negativa, para se ritualizar em um estilo – de amor cortês? Esbarrando no Outro como limite, mas se reapropriando dele nas figuras, nas esculturas, nos significantes, das (nas) cartas de amor. Apoderando-se, adornando-se, mergulhando, interpelando-se, no Outro, para se falar: essa fala de amor. Falando do Outro no discurso, para se falar de amor.

Ora, devemos lembrar que, segundo ele, "o amor cortês aparece no ponto em que o divertimento homossexual havia caído em uma suprema decadência, nessa espécie de mau sonho impossível do feudalismo. Nesse nível de degenerescência política, deveria ter se tornado perceptível que, do lado da mulher, havia alguma coisa que não poderia mais continuar assim".

O feudo, agora, é o discurso. "O mau sonho impossível dito como sendo do feudalismo" não cessou de tentar impor a sua ordem. Em vez disso, ele redobraria a sua sutileza nos objetos e nos modos de apropriação. Nas maneiras de se (re)definir os domínios. De rodear os que já teriam territórios, senhores e vassalos.

Desse ponto de vista, o discurso psicanalítico, "visto que determina realmente o *status* de todos os outros discursos", teria oportunidades de triunfar e estabelecer seu império. Transpondo as cercas, remanejando os campos, reavaliando seus códigos, em nome de uma outra ordem – a do inconsciente –, e estendendo sua dominação sobre ou sob todas as outras.

Tal poder o faz esquecer, às vezes, que esse poder não volta para ele senão ao preço de renunciar a um certo modelo de mestria e de servilismo. Ora, esse discurso, como todos os outros – mais do que todos os outros? – que ele reproduz aplicando sua lógica à relação sexual, perpetua o assujeitamento da mulher. Mulher que não teria mais lugar senão no próprio interior do funcionamento discursivo, como um inconsciente submisso ao inexorável silêncio de um real imutável.

A partir de então, não há mais necessidade de que ela esteja lá para que ele lhe faça a corte. O ritual do amor cortês pode se processar pela linguagem, unicamente. Um estilo é suficiente. Que preste atenção e leve em conta as brechas da fala, o não-todo no discurso, a lacuna do Outro, o semi-dito, ou seja, a verdade. Não sem galanteios, seduções, intrigas, enigmas e ainda... ejaculações – cuja precocidade é mais ou menos retardada pela sua passagem pela linguagem – pontuando os tempos de identificação com o gozo da dama. "Um meio bem refinado de suplementar a ausência de relação sexual fingindo que somos nós que colocamos obstáculos a ela."

"O amor cortês é para o homem, cuja dama era inteiramente, no sentido mais servil, o sujeito, o único modo de se sair bem, com elegância, dada a ausência da relação sexual."

Sendo essa relação sempre impossível, no dizer do psicanalista, é preciso que processos cada vez mais "elegantes" se disponham a suplementá-la. A questão é que eles pretendem fazer lei dessa impotência mesma, e continuarem a submeter as mulheres a ela.

6

A "MECÂNICA" DOS FLUIDOS

Já se propaga – com que rapidez? Em que contextos? apesar de quais resistências?... – que elas se difundiriam segundo modalidades pouco compatíveis com os quadros do simbólico que faz lei. O que não aconteceria sem provocar algumas turbulências, ou seja, alguns turbilhões, que conviria serem confinados por meio de princípios de muros sólidos, sem os quais poderiam se estender infinitamente. Chegando mesmo a perturbar essa terceira instância designada como o real. Transgressão e confusão de fronteiras que seriam importantes para restituir a ordem apropriada.

☆ ☆ ☆

É preciso, portanto, voltar à "ciência" para formular algumas perguntas.* Como quanto ao seu *atraso histórico relativo à elaboração de uma "teoria" dos fluidos*, e do que o segue como aporia na formalização, também,

---

* Seria necessário consultar algumas obras sobre a mecânica dos sólidos e dos líquidos. (N. A.)

matemática. Um "não-levando-em-conta" que será eventualmente imputado ao real.*

Ora, inquirindo sobre as propriedades dos fluidos, constata-se que esse "real" bem poderia recobrir, em boa parte, uma *realidade psíquica* que resiste ainda a uma simbolização adequada e/ou que significa a impotência da lógica em retomar na sua escrita todas as características da natureza. E seria frequentemente necessário reduzir algumas dessas características, considerá-la(s) apenas à luz de um *status* ideal, para que ela(s) não prejudique(m) o funcionamento da maquinaria teórica.

Mas qual divisão se perpetua entre uma linguagem sempre submissa aos postulados da idealidade e um empírico destituído de toda simbolização? E como deixar de reconhecer que, a respeito dessa cesura, dessa cisão, que assegura a pureza do lógico, a linguagem permanece forçosamente meta-"alguma coisa"? Não simplesmente em sua articulação, pronúncia, aqui e agora, por um sujeito, mas porque, levando em conta sua estrutura e desconhecimento, aquele "sujeito" já repete os "julgamentos" normativos sobre uma natureza resistente a essa transcrição.

E como impedir que o próprio inconsciente (do) "sujeito" seja suspenso como tal, reduzido em suas interpretações por uma sistemática que (re)marca uma "negligência" histórica aos fluidos? Em outras palavras: que estruturação da (de) linguagem não mantém uma *cumplicidade de longa data entre a racionalidade e a mecânica dos sólidos (e a somente eles)?*

Não há dúvida de que a ênfase se deslocou gradativamente da definição dos termos à análise de suas relações

---

* Cf. a significação do "real" nos *Escritos* e nos *Seminários* de Jacques Lacan. (N. A.)

(a teoria de Frege* seria um exemplo disso, entre outras). O que nos leva mesmo a admitir *uma semântica dos seres incompletos*: os símbolos funcionais.

Mas, além da indeterminação assim admitida na proposição ser submetida a uma implicação geral de tipo *formal* – a variável está somente nos limites da identidade da(s) forma(s) da sintaxe –, um papel preponderante é deixado para o *símbolo da universalidade* – o quantificador universal –, cujas modalidades de recurso ao geométrico ainda têm de ser examinadas.

Portanto, o "todo" – de x, mas também do sistema – teria já prescrito o "não todo" do estabelecimento de cada relação particular, e esse "todo" não o é senão por uma definição da extensão que não pode ocorrer sem a projeção sobre um espaço-plano "dado", cujo entre, entre(s) serão avaliados a partir de referências de tipo pontual.

O "lugar" teria assim sido de algum modo planificado e pontuado para calcular cada "todo", mas também o "todo" do sistema. A menos que se permita estender ao infinito, o que torna *a priori* impossível toda estimativa de valor, tanto das variáveis quanto de suas relações.

Mas esse lugar – do discurso –, aonde ele teria encontrado seu "maior do que todo" para poder assim se form(aliz)ar? Para se sistematizar? E esse maior do que "todo" não retornará de sua denegação – de sua foraclusão – sob modalidades que são ainda teo-lógicas? Cuja relação ao "não-toda" ainda precisa ser articulada: *Deus ou o gozo feminino*.

---

* Teoria à qual seria conveniente voltar, para perguntar: como ela passa do zero ao um; qual é a função da negação da negação, da negação da contradição, da dupla redução, operada pelo sucessor; a partir do que se decreta que o objeto não existe; do que se tira o princípio de equivalência que quer que o não idêntico a si próprio seja definido como conceito contraditório; por que é evitada a questão da relação de uma classe zero a um conjunto vazio; e, certamente, em virtude de qual economia da significação se privilegia o Einheit; ou seja, ainda, o que uma representação puramente objetiva deixa como resto ao "sujeito" da representação. (N. A.)

Ao esperar essas redescobertas divinas, amulher* só terá servido como *plano projetivo* para assegurar a totalidade do sistema – o excedente de seu "maior do que todo" –, de *suporte geométrico* para se avaliar o "todo" da extensão de cada um desses "conceitos", inclusive dos ainda indeterminados, e terá servido como *intervalos* fixos e congelados entre suas definições na "língua", e como possibilidade de *estabelecimento de relações particulares* entre eles.

Isso que é realizável em virtude de seu caráter "fluido", que a privou de ter qualquer possibilidade de identidade própria dentro de tal lógica. Amulher, paradoxalmente?, serviria assim de *ligação copulativa* na proposição. Mas essa cópula já teria sido apropriada por um projeto de formalização exaustiva, já submetida à constituição do discurso do "sujeito" em conjunto(s). E o fato de haver possibilidade de vários sistemas moduladores da ordem das verdades (do sujeito) não contraria o postulado de uma equivalência sintática entre esses diferentes sistemas, os quais, em sua totalidade, teriam excluído de seu modo de simbolização *certas propriedades dos fluidos reais*.

O que não tivesse sido interpretado na economia dos fluidos – as resistências operadas sobre os sólidos, por exemplo – seria finalmente entregue a Deus. A não consideração das propriedades dos fluidos *reais* – fricções internas, pressões, movimentos, etc., isto é, *dinâmica específica* – levaria a entregar o real a Deus, somente os caracteres idealizáveis dos fluidos são incluídos em sua matematização.

Ou ainda: considerações da matemática pura não teriam permitido a análise dos fluidos a não ser por meio de planos laminados, de movimentos solenoidais (de uma corrente que privilegia a relação com um eixo), de pontos-pivô, de pontos de projeção, de pontos de rotação, que têm apenas uma relação aproximativa com a realidade. Deixando um *resto*. Até o *infinito*: o centro

---

* Ver nota p. 111. (N. E.)

desses "movimentos" correspondentes a zero supõe uma velocidade infinita, *fisicamente inadmissível*. Esses fluidos "teóricos" certamente fizeram fisicamente progredir a técnica da análise, também matemática, enquanto perde certa relação com a *realidade dos corpos*.

Qual é a consequência disso para "a ciência" e para a prática psicanalítica?

E se for objetado que a questão assim levantada é um tanto demasiadamente baseada em metáforas, será fácil responder que ela antes recusa o privilégio da metáfora (quase sólida) sobre a metonímia (muito mais associada aos fluidos). Ou – suspendendo a sanção da verdade dessas "categorias" e "oposições dicotômicas" de natureza metalinguística – para responder que em qualquer evento toda linguagem é (também) "metafórica",* e que, por negar isso, a linguagem falha em reconhecer o "sujeito" do inconsciente e se recusa a inquirir sobre a submissão, ainda atual, do sujeito a uma simbolização que concede *precedência ao sólido*.

Assim, se toda economia psíquica se organiza em função do falo (ou Falo), caberia perguntar o que essa primazia deve a uma teleologia de reabsorção do fluido em uma forma consistente. O mal funcionamento do pênis não seria uma contradição a isso: ele não seria senão um representante empírico de um modelo de funcionamento ideal; todo desejo se direcionaria a sê-lo ou tê-lo. O que não é dizer que o falo tenha um *status* simples de "objeto" transcendental, mas que ele domina, como uma pedra angular, um sistema da economia do desejo marcado pelo idealismo.

E, certamente, o "sujeito" não pode se livrar dele com um único golpe. Certas declarações ingênuas ditas sobre

---

* Mas, ainda aqui, será preciso reexaminar o *status* do metafórico. Teremos que interrogar as leis de equivalência operativas. E seguir o que acontece com a "similitude" nessa operação particular de "analogia" (complexo de forma-matéria) aplicável ao domínio físico, e requerido para a análise das propriedades dos fluidos reais. Não sendo nem vaga e nem rigorosa ao modelo geométrico, ela envolve um remanejamento do sentido que está longe de ser alcançado. (N. A.)

a conversão (religiosa?) – também da linguagem – ao materialismo são provas-sintomas disso.

Mas disso a criar normas para o psiquismo segundo leis que submetem o sexual ao poder absoluto da forma...

Pois não é disso que se trata, ainda? E como, enquanto durar essa prerrogativa, será possível haver uma articulação da diferença sexual? *O que está em excesso em relação à forma – por exemplo, o sexo feminino –, sendo necessariamente rejeitado como acima ou abaixo do sistema em vigor.*

"A mulher não existe?" Em relação à discursividade. O que resta são (seus) dejetos: Deus e a mulher, "por exemplo". Donde essa instância abatida de mutismo, mas eloquente em seu silêncio: o real.

No entanto, a mulher, isso fala. Mas não "igualmente", "o mesmo", "o idêntico a si", nem a um x qualquer, etc. Não "sujeito", a menos que seja transformada pelo falocratismo. Ela fala "fluido", inclusive no reverso paralítico dessa economia. Sintomas de um: isso aí não pode mais fluir, nem se tocar... Do que se pode compreender que ela o imputa ao pai, e à sua morfologia.

Ainda é preciso saber escutar de outra maneira do que em boa(s) forma(s) para ouvir o que isso diz. O que é contínuo, compreensível, dilatável, viscoso, condutor, difusível... Que isso não termina, que é potente e impotente levando em conta sua resistência ao que é numerável; que isso goza e sofre por ser mais sensível às pressões; que isso muda – de volume ou de força, por exemplo – segundo o grau de calor; que é, em sua realidade física, determinado(a) por fricções entre dois infinitamente vizinhos – dinâmica do próximo e não do próprio, movimentos que vêm do quase-contato entre duas unidades pouco definíveis como tais (coeficiente de viscosidade medido em *poises*, de Poiseuille, *sic)* e não energia de um sistema fechado; que se deixa facilmente atravessar por fluxos em função de sua condutibilidade às correntes vindas de outros fluidos, ou exercendo pressão através das paredes de um sólido; que se mistura com os corpos de estado parecido, neles se diluindo às vezes de modo quase homogêneo, o que torna problemática a distinção de um e de outro; e, além disso, que se difunde já "em si mesmo", o que desconcerta qualquer tentativa de identificação estática...

A mulher não pode, portanto, ouvir-se. E, se tudo o que ela diz é de alguma forma da linguagem, mesmo assim não é capaz de significação. E o fato de ela retirar do seu discurso as condições de possibilidade de seu sentido é uma outra história.

É preciso acrescentar que *o som* propaga-se nela com uma velocidade espantosa, na proporção, aliás, de seu caráter mais ou menos perfeitamente insensato. O que faz com que nunca chegue ao (o) impacto da significação, ou que chegue (a) isso somente numa forma invertida. *Che vuoi* [em italiano: "o que queres?"], portanto?

Sem contar a zona de silêncio no exterior do volume definido pelo lugar de onde se projeta o discurso. E seria preciso que o sentido se difundisse a uma velocidade idêntica à do som para que todas as formas de envoltórios – espaços de surdez de um ou de outro – se tornassem caducas na transmissão das "mensagens". Mas as pequenas variações da rapidez do som correm o risco de então deformar e turvar a linguagem a cada instante. E ao debruçarmos sobre as leis de similitudes, cortando-as em grandes pedaços para avaliarmos, compararmos, reproduzirmos... a igualdade e a diferença, o som já terá assim perdido algumas de suas propriedades.

O fluido – como esse outro, dentro/fora do discurso filosófico – é, por natureza, instável. A não ser que seja submetido ao geometrismo, ou (?) que seja idealizado.

A mulher não fala sempre do mesmo jeito. O que ela emite é fluente, flutuante. Turvo.* E não é ouvida, a não ser quando perde o sentido (do) próprio. Daí as resistências a essa voz que transborda do "sujeito". Que ele, portanto, fixará, congelará em suas categorias até paralisar a voz em seu fluxo.

"E eis aí, senhores, por que vossas filhas são mudas." Mesmo se elas tagarelam, proliferam pithiaticamente palavras que não significam senão sua afasia ou o reverso mimético de vosso desejo. E interpretá-las quando elas só exibem o seu mutismo equivale a submetê-las a uma linguagem que as exila para cada vez mais longe daquilo que talvez elas vos tenham dito, já vos murmuravam. Se ao menos vossas orelhas não estivessem já tão informadas, entupidas de sentidos, fechadas para tudo aquilo que não faz, de alguma maneira, eco ao que já foi ouvido antes.

Fora desse volume já circunscrito pela significação articulada no discurso (do pai) nada existe: *amulher*. Zona de silêncio.

E o objeto "a"? Como defini-lo em relação às propriedades, também, dos fluidos? Já que esse "objeto" se encaminha com mais frequência a um estado que é o deles. Leite, fluxo luminoso, ondas acústicas... sem falar dos gases inalados, emitidos, diferentemente perfumados, da urina, da saliva, do sangue, do próprio plasma, etc.

Mas não são estes os "a" enumerados na teoria. Dirão os bem informados. Resposta: as fezes – diferentemente disfarçadas – teriam o privilégio de servir de paradigma ao objeto "a"? Seria então preciso compreender essa função de modelo – mais ou menos encoberta à apreciação – do objeto do desejo como resultante da passagem, bem-sucedida, do estado fluido ao estado sólido? E *o próprio objeto do desejo, para os psicanalistas, seria a*

---

* Irigaray usa o neologismo *flouer*. Talvez como referência ao francês médio, *frouer, tricher*, "trapacear", ou ao francês antigo *froer*, "romper", "fraudar". De toda forma, *flou* tem como sinônimo "turvo", "impreciso", "indefinido", ao mesmo tempo que "delicado" e "suave", além de fazer ressonância a "fluido", *fluide*. Irigaray parece transformar o adjetivo em verbo. (N. E.)

transformação do fluido em sólido? O que marca – isto bem vale uma repetição – *o triunfo da racionalidade*. A mecânica dos sólidos mantém relações antigas com a racionalidade, às quais os fluidos não cessam de fazer objeção.

Na mesma linha de inquérito, poderíamos perguntar por que o esperma nunca foi colocado em função de "a"? Sua submissão unicamente aos imperativos da reprodução não seria sintomática de uma preeminência historicamente alocada ao (produto) sólido? E se, na dinâmica do desejo, intervém o problema da castração – fantasia/ realidade de uma amputação, de um "esfacelamento" desse sólido que o pênis representa –, a tomada do *fluido- -esperma* como um obstáculo à generalização de uma economia restrita aos sólidos permanece em suspenso.

No entanto, os termos que descrevem o gozo evocam o retorno de um recalcado que desconcerta a estrutura da cadeia significante. Mas o gozo – *black-out do sentido* – seria abandonado à mulher. Ou à amulher.

Amulher, sim, já que o não reconhecimento de uma economia específica dos fluidos – de suas resistências aos sólidos, de sua dinâmica "própria"– é perpetuado pela ciência psicanalítica. E que disso possa ressurgir a *causa da amulher*, assumindo uma posição histórica em que se projete a queda de toda especulação. Resta ver até onde irá a compressibilidade desse *resíduo*.

É verdade que um *bom número de suas propriedades lhe foi retomado pelo desejo, ou pela libido* – desta vez concedidas por prioridade ao masculino. Determinam- -se como *fluxo*.

Mas o fato de ter retomado *no mesmo* o instrumento sólido e certas características dos fluidos – não deixando ao outro mais do que o resíduo ainda negligenciado de seus movimentos reais, os princípios ainda inexplicados de uma energia mais sutil – coloca problemas econômicos cruciais. As relações de trocas dinamogênicas ou de resistências recíprocas entre um e outro sendo falhas, escolhas impossíveis se impõem: ou um ou o outro. *Ou o desejo, ou o sexo*. O que, graças à ancoragem do nome-do-pai, produzirá um sexo "friável" e um desejo "bem formado".

Esse compromisso dá uma qualidade de semissólido a cada um. A consistência perfeita do sexo não lhe pertence, mas, reconjugando-o com o sentido instituído pela linguagem, ele encontra uma quase-solidez do desejo. Essa operação poderia se designar como *passagem a uma mecânica dos quase-sólidos*.

A maquinaria psíquica estaria salva. Ela ronronaria regularmente. Claro que subsistem alguns problemas de entropia, algumas angústias relativas aos recursos da energia. Mas é preciso ter confiança na ciência. E na técnica. Pois elas oferecem possibilidades de investimentos que desviam a "libido" de questões mais embaraçosas. Mesmo que não seja a do tédio do "sujeito" em repetir ainda e sempre a mesma história.

O que será chamado, em parte, de *pulsão de morte*. Mas se questionarmos – também, e por que não? – essa descoberta tão estranhamente espantosa da psicanálise, seremos ainda levados à constatação de *um duplo movimento: adaptação de certas características dos fluidos à racionalidade*; e *negligência do obstáculo que constitui a sua dinâmica própria*.

Não acreditam nisso? Porque vocês têm necessidade--desejo de acreditar em "objetos" já solidamente determinados. Ou seja, ainda, em vocês mesmos, aceitando o silencioso trabalho da morte como condição para se permanecer indefectivelmente "sujeito".

Mas esse *princípio de constância*, ao qual vocês tanto se apegam, o que ele "quer dizer"? A evitação dos afluxos-excitações excessivos? Vindos do outro? A busca, a todo custo, da homeostase? Da autorregulação? A redução, portanto, na máquina, dos efeitos de movimentos de ou para seu exterior? O que implica transformações reversíveis *em circuito fechado*, fazendo-se abstração da variável tempo, a não ser sobre o modo da *repetição de um estado de equilíbrio*.

De "fora" a máquina terá, entretanto, de alguma maneira tomado emprestada a energia (a origem de sua força motriz permanece parcialmente inexplicada, eludida). E, de alguma forma, o modelo de seu funcionamento. Assim, certas propriedades do "vital" terão sido mortificadas na "constância", requerida para lhe dar forma. Mas essa operação não pode nem deve se representar – ela seria marcada por um *zero* de signo ou de significante, no próprio inconsciente – sob pena de subverter toda a economia discursiva. Esta não seria salva a não ser afirmando que o próprio ser vivo tende a se destruir, e que é preciso preservá-lo dessa autoagressão ligando a sua energia em mecanismos quase sólidos.

As propriedades dos fluidos sendo, historicamente, abandonadas ao feminino, *como se articula o dualismo pulsional à diferença dos sexos*? Como foi possível mesmo "imaginar" que essa economia tinha o mesmo valor explicativo para os dois sexos? Senão recorrendo à necessidade de imbricação "dos dois" no "mesmo".

E será preciso mesmo (re)tornar ao modo de especula(riza)ção que é subjacente à estrutura do sujeito. À "assunção jubilatória de sua imagem especular, pelo ser que ainda está mergulhado na impotência motora e na dependência da amamentação – que é o pequeno homem nesse estágio de *infans*", a essa "matriz simbólica onde o *eu [je]* se precipita em uma forma primordial", "forma que seria melhor designada como *eu-ideal*", "forma que situa a instância do *eu* ["*moi*"] desde antes de sua determinação social, em uma linha de ficção, para sempre irredutível para o indivíduo isolado", "é que a forma total do corpo pela qual o sujeito antecipa em uma miragem a maturação de sua potência não lhe é dada senão como *Gestalt*, isto é, em uma exterioridade em que decerto essa forma é mais constituinte do que constituída, mas em que, acima de tudo, ela lhe aparece num relevo de estatura que a congela e numa simetria que a inverte, em oposição à turbulência de movimentos que ela experimenta animá-la. Assim, essa *Gestalt*, cuja pregnância deve ser considerada como ligada à espécie, embora seu estilo motor seja irreconhecível – por esses dois aspectos de seu surgimento, simboliza a permanência mental do *eu [je])*, ao mesmo tempo que prefigura sua destinação alienante".*

Toda uma homenagem contrai-se como dívida desse reconhecimento por um mestre do ganho e da "alienação" especulares. Mas uma ad-miração muito rasa corre o risco de suspender a eficácia desse passo à frente.

Compete a nós, portanto, verificar o *status* da "exterioridade" dessa forma "constituinte [mais que constituída]" pelo sujeito, como ela serve de tela a um outro exterior (um corpo diferente dessa "forma total"), a morte que ela acarreta mas em um "relevo" que autoriza o equívoco, a "simetria" que ela consagra (como constituinte) e que fará com que a "miragem de maturação de sua potência" por um sujeito seja sempre tributária de uma "inversão", a motricidade que ela paralisa, o processo de projeção que desencadeia – "ficção, para sempre irredutível para o indivíduo isolado"? –, e as fantasias que ela deixa como resto. Esse mundo (de) autômato(s), que ainda invoca o nome de Deus, e sua graça, aliás, para se manter em movimento, e invoca a existência do vivente para imitar tal existência mais perfeitamente do que é possível na natureza.

Pois a natureza não deixa de ter energia, certamente, mas nem por isso ela é capaz de possuir força motora "em si própria", de encerrar tal força em uma/sua forma total. Assim, o fluido está sempre em excesso, ou em falta, em relação à unidade. Ele se subtrai ao *"Tu és isto"*.**
Ou seja, a toda identificação definitiva.

---

* Lacan, *"Le stade du miroir"* ("O estágio do espelho") , em *Écrits*. Não fiz nenhum destaque. (N. A)

** *Idem*, p. 100. (N. A.)

E, *quanto ao organismo, o que acontece se o espelho fornece nada a ver?* De sexo, por exemplo. É o que acontece com a menina. E dizer que nos efeitos constituintes da imagem no espelho "pouco importante [é] seu sexo [do congênere]",* e também que "a imagem especular parece ser o limiar do mundo visível", não seria enfatizar que o sexo feminino será excluído dele? E que é um corpo sexuado macho, ou assexuado, que determinará os traços dessa *Gestalt*, matriz irredutível para/da introdução do sujeito na ordem social. De onde vem seu funcionamento segundo leis tão alheias ao feminino? De onde vem essa "alienação paranoica que data da passagem do *eu* [*je*] especular para o *eu* [*je*] social",** mas cuja ocorrência inelutável já estava inscrita no "estágio do espelho". O *semelhante* prefigurando-se nele como esse *outro do mesmo*, cuja miragem perseguirá para sempre o sujeito com essa perpétua tensão entre um eu [*moi*] próprio e uma instância formadora inapropriável, ainda que seja sua. A distinção sendo doravante indecidível entre o que seria autenticamente um e outro, quem duplicaria quem, nesse litígio sem fim quanto à identidade em si.

Mas essas dissensões – intrasubjetivas e sociais – teriam já deixado para trás, em um tempo anterior, *os recalcamentos históricos*. E seus efeitos-significantes paralíticos. Segue-se disso que a questão da assunção, jubilosa ou não, de sua imagem especular por um corpo sexuado feminino, seria vã? O desejo estando já fixado aí, a neutralização re-marcada pelo "estágio do espelho" seria uma confirmação de uma glaciação "mais arcaica". ***

☆ ☆ ☆

E se por acaso vocês ficarem com a impressão de não terem ainda entendido tudo, então talvez seja melhor deixar seus ouvidos entreabertos para aquilo que se toca tão intimamente que confunde a discrição de vocês.

---

* Lacan, "Le stade du miroir" ("O estágio do espelho"), em *Écrits*, p. 95. (N. A.)
** *Idem*, p. 98. (N. A.)
*** *Ibidem*. (N. A.)

7

QUESTÕES

Desde a escrita e a publicação de *Speculum*, muitas questões foram feitas. E esse livro é, de alguma forma, uma coletânea de questões. Não trata de todas elas... Nem "verdadeiramente" as responde. O questionamento continua. Continua-se a interrogar. Abordando, sob diferentes aspectos, o que foi imposto ou proposto sob a forma de perguntas. O que dizer de uma sexualidade feminina "outra" da que foi prescrita no e pelo falocratismo? Como reencontrar, ou inventar, a sua linguagem? Como articular, para as mulheres, a questão de sua exploração sexual com a de sua exploração social? Qual pode ser, hoje, a posição das mulheres em relação ao político? Devem ou não intervir nas ou sobre as instituições? Como podem se desprender de sua expropriação na cultura patriarcal? Quais questões devem elas endereçar ao seu discurso? A suas teorias? A suas ciências? Como "dizer" a elas para que não sejam novamente "recalcadas", "censuradas"? Mas, também, como já falar (como) mulher? Atravessando o discurso dominante. Questionando a "mestria" dos homens. Falando às mulheres. E entre as mulheres. Essa fala (da) mulher pode ser escrita? Como?...

Questões – entre outras... – que são formuladas e respondidas nesta coletânea.

Por que não deixar algumas delas em sua formulação direta? Em seu falar imediato? Em sua linguagem oral? Mesmo ao custo de deixar ouvir, às vezes, algumas inadequações? É o caso da transcrição de um seminário que foi realizado em Toulouse, no Departamento de Filosofia da universidade, em março de 1975. Os (as) participantes do seminário me haviam dado por escrito um conjunto de perguntas. Aqui são retomadas somente as que tiveram tempo de ser examinadas. O protocolo integral foi registrado por iniciativa de Éliane Escoubas.

Anexas, algumas outras perguntas. Ou as mesmas? Entre orais e escritas.

☆☆☆

– Há questões que não vejo realmente como poderia respondê-las. Ou, pelo menos, respondê-las "simplesmente". Em outras palavras, eu não pretenderia proceder aqui alguma inversão da relação pedagógica na qual, retendo uma verdade sobre a mulher, uma teoria da mulher, que me permitisse responder às perguntas de vocês: responder a partir da mulher que está diante de vocês. Portanto, não trarei definições ao interior de um discurso afrontado.

Há, no entanto, uma pergunta que vou examinar, para começar. Aliás, ela é a *primeira* pergunta, todas as outras nos reconduzem a ela.

É esta: *"Você é uma mulher?"*.

É uma pergunta típica.

É uma pergunta de homem? Não creio que uma mulher – a menos que já estivesse assimilada aos modelos masculinos, e mais exatamente, fálicos – me endereçaria essa questão.

Já que "eu" não sou "eu", eu "não" existo, não sou *uma*. Quanto à *mulher*, sabe-se lá... Em todo caso, sob essa forma, a do conceito e da denominação, certamente não. (cf. também questões I e II)*
Em outras palavras, a única coisa que posso fazer é devolvê-la a quem a colocou, dizendo: essa é sua questão.

Que essa pergunta tenha sido feita a mim me permite, no entanto, ter a esperança – pelo que dá a entender nesse "você é uma mulher?" – de que eu esteja, talvez, um pouco "em outro lugar".

Quando um homem vai falar em um seminário, alguém lhe faz como primeira pergunta: "você é um homem"? De alguma forma, isso está subentendido. Eventualmente e indiretamente pode-se perguntar a ele, ou talvez pensar, apenas: será ele "viril" ou não? Mas lhe pôr a questão: "você é um homem?" – creio que não.

Então, a questão "você é uma mulher?" talvez queira dizer que existe "outra". Mas essa questão provavelmente não pode ser posta senão "do lado do homem" e, se todo o discurso é masculino, ela não pode ser formulada senão sob a forma de uma suspeita. Essa suspeita, eu não tentarei minimizá-la, já que ela pode abrir para um outro lugar que aquele do funcionamento atual do discurso.

Não sei se quem fez essa pergunta deseja reformulá-la, ou não.

A.** – EU SÓ FIZ A PERGUNTA, NÃO A COLOQUEI NA LISTA. FOI UMA MULHER QUE O FEZ, E QUE A COLOCOU EM PRIMEIRO LUGAR...

– Fique tranquilo, se isso for possível. Se eu escolhi me deter nessa questão, não foi a partir de nenhuma suspeita da minha parte. Eu me servi dela para tentar começar a marcar uma *diferença*.

---

* As "questões" se encontram no fim do capítulo. (N. A.)

** Os interlocutores são designados por letras maiúsculas – A., B., etc. –, pela ordem de entrada em cena (intervenção) *(Nota do departamento de filosofia de Toulouse-le-Mirail)*. (N. A.)

É claro, se eu tivesse respondido: "Como, meu senhor, poderia ter suspeitas desse tipo? Está bem claro que eu sou uma mulher", eu teria recaído no discurso de uma certa "verdade" e do seu poder. E se eu pretendesse que o que quero tentar articular, dizer ou escrever, parte dessa *certeza*: eu sou uma mulher, então eu estaria novamente no discurso "falocrático". Talvez eu tentasse subvertê-lo, mas estaria incluída nele.

Prefiro antes me esforçar – pois não se pode simplesmente cair fora desse discurso – para me situar nas suas fronteiras e passar, sem me deter, de dentro para fora.

O QUE É UMA MULHER?

Sobre essa pergunta, creio já ter respondido que não se trata de "responder". A questão "o que é?..." é a questão – metafísica – à qual o feminino não permite se submeter. (cf. questões I e II)

ALÉM DA DESCONSTRUÇÃO DA TEORIA FREUDIANA DA FEMINILIDADE, PODE-SE (VOCÊS PODEM) ELABORAR UM OUTRO CONCEITO DE FEMINILIDADE: COM UM *OUTRO* SIMBÓLICO, UM *OUTRO* INCONSCIENTE, QUE SERIA "DE MULHER" (ISTO É, *TOTALMENTE OUTRO*, E NÃO O AVESSO, O NEGATIVO, O COMPLEMENTO DO CONCEITO DAQUELE DE HOMEM). VOCÊS CONSEGUEM ESBOÇAR O SEU CONTEÚDO?

Será que podemos, será que eu posso elaborar um outro conceito de feminilidade? O ponto não é elaborar um outro *conceito* de feminilidade.

Pretender que o feminino possa ser dito sob a forma de um conceito é deixar-se retomar por um sistema de representações "masculino", no qual as mulheres caem na armadilha de uma economia do sentido, que serve à autoafeição do sujeito (masculino). Se bem se trata de debater a "feminilidade", isso não significa, no entanto, elaborar um outro "conceito" – a menos que uma mulher renuncie ao seu sexo e queira falar como os homens. Para elaborar uma teoria da mulher, os homens, creio, bastam. Em uma linguagem (de) mulheres, o conceito como tal não teria lugar. (cf. questão II)

"Um outro simbólico..."? O simbólico, deixo-o de lado por um momento, porque voltaremos a ele por outro caminho...

"Um outro inconsciente, que seria de mulher?" Parece-me que a primeira questão que deve ser feita é a de saber o que, naquilo que se designa atualmente como inconsciente, pertence ao feminino recalcado. Em outras palavras, antes de se colocar a questão da elaboração de um inconsciente *outro* em relação ao que é atualmente definido, convém, talvez, perguntar se o feminino não está, em grande parte, incluído nesse inconsciente.

Ou ainda: antes de querer dar um *outro* inconsciente à mulher, deveríamos saber se a mulher *tem* um inconsciente, e qual? Ou se não retorna ao feminino, em parte, aquilo que funciona sob o nome de inconsciente? Se uma certa "especificidade" da mulher não é recalcada-censurada sob o que é designado como inconsciente? Assim, um bom número de características ditas do inconsciente podem evocar uma economia do desejo que seria, talvez, "feminina". Seria preciso, portanto, passar pela questão daquilo que o inconsciente tomou emprestado da mulher, antes de chegar à questão de um inconsciente feminino.

Aliás, supondo que essa interpretação do inconsciente seja realizada, e a definição atual do inconsciente posta em questão, a partir do que ela mascara e ignora do desejo da mulher, por meio de quais modalidades subsistiria o inconsciente? Ele existiria, ainda? Para quem? Talvez ainda para o homem? Mas, e para a mulher? Dito de outra forma: *o funcionamento de um "simbólico feminino" seria de natureza tal que a constituição de um lugar para o recalcado estaria implicada nele?*

Outra questão: se o inconsciente consiste, atualmente e em parte, no feminino recalcado-censurado da história, recalcado-censurado da lógica da consciência, esse inconsciente não é ainda, finalmente, *uma propriedade do discurso?* Sejam quais forem os golpes dados por Freud à lógica discursiva, o inconsciente não compõe ainda um sistema com ela? E essa lógica, que de uma certa forma começa a se esgotar, não encontra *reservas* para si no inconsciente como em toda forma de "outro", o selvagem, a criança, o louco, a mulher? Qual a relação entre a descoberta e a definição do inconsciente e esses "outros" reconhecidos-ignorados pelo discurso filosófico? Não é essa, quanto a esse discurso, uma maneira de designar o outro como exterior, mas como exterior que ele poderia ainda tomar como "objeto", como "tema", para dizer a verdade sobre ele, mantendo sempre recalcado algo de sua diferença?

"Poderia eu esboçar o conteúdo do que seria esse outro inconsciente, da mulher?" – Não, claro que não, pois isso supõe a retirada do feminino da economia atual do inconsciente. Seria antecipar um certo processo histórico, e travar sua interpretação e movimento prescrevendo, desde já, temas, conteúdos ao inconsciente feminino.

Eu poderia dizer, no entanto, que uma coisa tem permanecido singularmente negligenciada, mal foi tocada, na teoria do inconsciente: *a relação da mulher com sua mãe e a relação das mulheres entre si.* Mas, isso poderia produzir um esboço do "conteúdo" do inconsciente "feminino"? Não. É somente uma questão sobre o modo como se interpreta o funcionamento do inconsciente. Por que a teoria e a prática psicanalíticas são, até hoje, tão pobres e tão reducionistas sobre essas questões? Essas questões podem encontrar uma interpretação melhor em uma economia e em uma lógica do tipo patriarcal? Na sistemática edipiana que elas pressupõem?

SOB QUAIS CONDIÇÕES ESSA ELABORAÇÃO É POSSÍVEL? CONDIÇÕES ENTENDIDAS COMO CONDIÇÕES HISTÓRICAS: DA HISTÓRIA DO INCONSCIENTE E/OU DA PSICANÁLISE, E DA HISTÓRIA "POLÍTICA", "MATERIAL" (PODENDO, TALVEZ, ESSAS DUAS HISTÓRIAS SEREM DESIGNADAS COMO HISTÓRIA DO DESEJO E DE SUA EFETIVIDADE).

Acho que já comecei a responder... Sobre "e/ou da psicanálise", talvez eu possa oferecer mais detalhes. Tenho a impressão de que essa elaboração não será certamente possível enquanto a psicanálise permanecer no interior do seu campo. Ou seja, ela não pode ser somente intra-analítica. O problema é que a psicanálise não interroga, ou o faz muito pouco, suas determinações históricas. Ora, se ela não as questiona, só pode responder sempre do mesmo jeito à questão da sexualidade feminina.

O questionamento insuficiente das determinações históricas é parte e compõe, é evidente, a história política e material. Enquanto a psicanálise não interpretar o seu papel em um certo tipo de regime de propriedade, em um certo tipo de discurso – mais diretamente: o da metafísica –, em um certo tipo de mitologia religiosa, ela não pode colocar a questão da sexualidade feminina. Esta não pode, realmente, se reduzir a uma questão banal ou marginal no interior do campo teórico e prático da psicanálise, mas exige a interpretação do capital cultural e da economia geral subjacente a esse campo.

SE, COMO DIZ MARX, "A HUMANIDADE SÓ CONCEDE A SI MESMA AS TAREFAS QUE PODE RESOLVER", PODE-SE DIZER, PELO "INTERESSE" ATUAL QUE HÁ PELAS MULHERES, QUE ESSA ELABORAÇÃO JÁ ESTÁ EM CURSO DE UMA MANEIRA PRÁTICA (OU TEÓRICA)? E ONDE?

Se não me engano, Marx também diz que História é o processo pelo qual o homem gera a si próprio.

Se História é o processo de geração do homem pelo homem, da autogeração do homem – enunciado que não me parece estar isento de pressupostos metafísicos –, dizer que "a humanidade só concede a si mesma as tarefas que pode resolver" não será ainda e sempre falar unicamente dos homens? Poderia ser de outra maneira na História, segundo Marx?*

---

* Para a continuação deste tema, ver o capítulo "O mercado das mulheres", mais adiante neste livro. (N. A.)

"*Poderíamos dizer que essa elaboração já está em curso de uma maneira prática (ou teórica)?*" Sob esta forma e com esse apelo a Marx, num primeiro momento eu só posso responder: para os homens, talvez... Pode ser que, de maneira prática ou teórica, eles estejam em vias de resolver a tarefa que representa, para eles, o problema das mulheres. Poderíamos ler o signo-sintoma disso em uma certa estratégia política – de esquerda ou de direita – e em certos "motivos", ou problemáticas "respeitáveis" hoje em dia, isto é, que "estão na moda", no mercado cultural.

Isso significa que a questão começa a se resolver "do lado das mulheres"? Acho que esse é um problema inteiramente diferente. Porque se, por esse único fato, essa questão começasse a encontrar a solução do lado das mulheres, isso exporia que não haverá jamais "outra" mulher. A alteridade da mulher seria, mais uma vez, reconduzida e reduzida a um discurso e a uma prática masculinos. A consideração atual que os homens dirigem às mulheres é, portanto, para elas, simultaneamente uma necessidade e um perigo, o risco de um redobramento da alienação: em sua linguagem, sua política, sua economia, no sentido restrito e no generalizado.

O complicado é que não pode haver nenhum "discurso da mulher" produzido por uma mulher, e que, além do mais, falando estritamente, a prática política, pelo menos atualmente, é de um canto a outro masculina. Para que as mulheres possam se fazer ouvir, uma evolução "radical" do modo de pensar e de gestão do político é necessária. O que, é claro, não pode se realizar de uma só vez.

Qual é, portanto, o modo de ação possível, hoje, para as mulheres? Devem elas intervir somente de modo marginal em relação ao conjunto do funcionamento social?

B. – O QUE QUER DIZER COM "DE MODO MARGINAL"?

– Penso especificamente nos *movimentos de liberação das mulheres*. Neles se elabora alguma coisa relativa ao "feminino" disso que seria as mulheres entre si, do que poderia significar uma "sociedade de mulheres". Se falo de marginalidade é porque, antes de mais nada, esses movimentos, por um lado, mantêm-se deliberadamente afastados das instituições e do jogo de forças no poder, etc. "Fora" das relações de poder já existentes. Às vezes eles recusam mesmo a intervenção – incluindo as "do exterior" – sobre todas as instituições.

Essa "posição" se explica pelas dificuldades encontradas pelas mulheres para se fazerem ouvir nos lugares já determinados em e por uma sociedade que, por sua vez, as utiliza e as exclui, simultaneamente, e que continua, sobretudo, a ignorar a especificidade de suas "reivindicações", mesmo retomando certos temas seus, ou seja, *slogans*. Ela pode ser compreendida também pela necessidade que as mulheres têm de constituir um lugar de entre-elas, para aprenderem a formular seus desejos fora das pressões e opressões demasiado imediatas.

É claro, certas coisas foram conquistadas pelas mulheres, em boa parte graças aos movimentos de liberação: liberalização da contracepção, do aborto,* etc. Esses ganhos permitem recolocar, de outra maneira, a questão do que seria o *status* social da mulher – principalmente pela sua distinção de uma simples função maternal-reprodutora. Mas esses aportes sempre podem facilmente se voltar contra as mulheres. Em outras palavras, não se pode ainda falar, a propósito disso, de uma política feminina, mas somente de certas condições de possibilidade. A primeira sendo o fim do silêncio sobre a exploração sofrida pelas mulheres: a recusa a "calar-se" sistematicamente, praticada pelos movimentos de liberação. (cf. também questões II e III)

SE É PRECISO FALAR DE UM *OUTRO* SIMBÓLICO, DE UM *OUTRO* INCONSCIENTE (SERÁ NECESSÁRIO?), ESSE NÃO SERIA UM *OUTRO* SONHO DA (MESMA) SIMETRIA?

---

* No Brasil, o aborto é considerado prática ilegal. (N. E.)

Essa é uma questão que parece significar que é absolutamente impensável que haja um "outro". O qual, se viesse do "feminino", seria constituído forçosamente sobre o mesmo modelo que os "sujeitos" masculinos historicamente estabeleceram. Um modelo que privilegia a simetria como condição de possibilidade de mestria no não reconhecimento do outro. Modelo falocrático. Posto que, de fato, a linguagem "masculina" não é precisamente conhecida. Enquanto os homens pretenderem dizer tudo e tudo definir, como se poderá saber o que é a linguagem do sexo masculino? Enquanto a lógica do discurso é modelada a partir da indiferença sexual, da submissão de um sexo ao outro, como saber algo do "masculino"? Pode-se, no entanto, constatar que são os homens que, historicamente, determinaram esse modelo de mestria e tentar interpretar sua relação com a sua sexualidade.

Quanto ao privilégio da simetria, ele é correlativo ao do *espelho plano:* que pode servir para a autorreflexão do sujeito masculino na linguagem e à sua constituição como sujeito do discurso. Ora, a mulher, a partir desse espelho plano, somente, não pode suceder a não ser como o outro invertido do sujeito masculino (seu *alter ego*) ou como lugar de surgimento e de velamento da causa de seu desejo (fálico), ou ainda: como falta, já que o seu sexo, em sua maior parte, e a única historicamente valorizada, não especularizável. Portanto, no advento de um desejo "feminino", esse espelho plano não pode ser privilegiado e a simetria não pode nele funcionar como na lógica e no discurso de um sujeito masculino. (cf. também questões I e III)

NA ENTREVISTA À *LIBÉRATION*, VOCÊ RECUSA A NOÇÃO DE IGUALDADE. CONCORDAMOS COM ISSO. O QUE VOCÊ PENSA DO "PODER DAS MULHERES"? SE A MULHER SUCEDESSE (NA HISTÓRIA E NO INCONSCIENTE, SENDO ESTE, DE FATO, "UNICAMENTE" HOM(M)OSSEXUAL), O QUE ACONTECERIA: UM *PODER FEMININO* SUBSTITUIRIA, PURA

E SIMPLESMENTE, O PODER MASCULINO? OU HAVERIA UMA *COEXISTÊNCIA PACÍFICA*? OU O QUÊ?

Aqui, um esclarecimento: eu acredito que não se deve dizer depressa demais que o inconsciente é somente hom(m)ossexual. Se o inconsciente preserva ou mantém algum elemento do feminino recalcado, censurado, da lógica da consciência e da lógica da história, (o que, de uma certa forma, dá no mesmo), o inconsciente não é univocamente hom(m)ossexual. A interpretação redutora que se dá a ele, ao lado da censura e da repressão que sustenta, é o fator hom(m)ossexual.

Não se trata, evidentemente, da substituição do poder masculino por um poder feminino. Pois essa reviravolta seria sempre capturada pela economia do mesmo, na mesma economia na qual, certamente, não emergiria o que eu tento designar como "feminino". Haveria uma fálica "apreensão de poder". O que, aliás, parece impossível: as mulheres podem "sonhar" com isso, pode ser às vezes realizado de uma forma marginal, em grupos restritos, mas, para a sociedade como um todo, essa substituição de poder, essa reviravolta do poder, é impossível.

Uma coexistência pacífica? Não sei bem o que isso quer dizer. Creio que a coexistência pacífica não existe. Ela é armadilha de economia de poder e de guerra. O que se poderia perguntar, em vez disso, é: mesmo que tudo esteja arranjado e em funcionamento como se não pudesse existir nada senão o desejo do "mesmo", *por que não haveria desejo de "outro"?* O desejo de uma diferença que não seja sempre e ainda conduzido e aprisionado no interior de uma economia "do mesmo". Pode-se dizer que esse é um sonho meu, ou que é um outro sonho. Mas por quê? Mais uma vez, essa reviravolta do poder, a transmissão do poder, não significaria um "advento" do outro – o "feminino". Mas por que seria impossível que houvesse algum desejo da diferença, algum desejo do outro? Aliás, toda reabsorção da alteridade no discurso do mesmo não significa um desejo da diferença, mas um desejo que teria sempre – para usar uma linguagem vergonhosamente psicológica – "causado medo"? E que, por esse motivo, teria sempre "velada" – em sua fobia – a questão da diferença dos sexos e da relação sexual.

☆ ☆ ☆

Chego agora à segunda série de perguntas, relativas à "fala da mulher".

Será preciso dizer: um outro *sexo = uma* outra *escrita um* outro *sexo = um* outro *sentido? Por quê?*

Podemos simplesmente opor escrita e sentido ou apresentá-los como alternativas?

B. – É MAIS UMA SUPLEMENTARIEDADE DO QUE UMA ALTERNATIVA. ESCRITA E SENTIDO: DUAS COISAS QUE SE INTERCEPTAM, SEM SEREM IDÊNTICAS. ESCRITA: NO NÍVEL DOS EFEITOS; SE É POSSÍVEL FALAR [COMO] MULHER, A ESCRITA É UM EFEITO DISSO. O SENTIDO REMETE MAIS À QUESTÃO DO INCONSCIENTE: UM INCONSCIENTE FEMININO...

– A essa alternativa, eu não saberia como responder...

B. – A QUESTÃO ESTÁ MAIS NA IGUALDADE (NO SIGNO "IGUAL") E NÃO ENTRE AS DUAS FORMULAÇÕES.

– Eu não sei se a escrita se situa do lado do "efeito" ou do lado da "causa"... Isso depende da interpretação dada a essa noção. Parece-me que uma *outra* escrita acarreta forçosamente uma *outra* economia do sentido. Por esse motivo, pode-se indagar se toda escrita que não interroga sua própria relação hierárquica com a diferença dos sexos não é, ainda e sempre, simultaneamente produtora e produto na economia do sentido próprio. Enquanto ela é "definida", "praticada", "monopolizada" por um único sexo, a escrita não continua sempre a ser um instrumento de produção em um regime imutável de propriedade?

Mas poderíamos responder de outra forma – sem responder "verdadeiramente"... – fazendo um desvio por Platão. Há em Platão duas *mimeses*. Em poucas palavras: a *mimese* como *produção*, que estaria mais no campo da música, e a *mimese* que já estaria recolhida em um processo de *imitação*, de *especularização*, de *adequação*, de *reprodução*. É a segunda forma que será privilegiada em toda a história da filosofia; nela serão encontrados efeitos-sintomas como latência, sofrimento, paralisia do desejo, na histeria. A primeira forma parece sempre ter sido reprimida, ainda que isso só acontecesse por ser constituída como um enclave em um discurso "dominante". Ora, é sem dúvida no campo, e a partir desse primeiro tipo de *mimese*, que se tornará possível uma escrita da mulher. Voltaremos a isso nas questões referentes à histeria.

O QUE É A DUPLA SINTAXE (MASCULINA-FEMININA)?

Refere-se ao fato de que Freud, em vez de hierarquizar, subordinar, a sintaxe do consciente e do inconsciente – classificando-as como superior/inferior –, teria talvez podido articulá-las e fazê-las funcionar como duas sintaxes diferentes.

Para responder de um outro ponto de vista: não se poderia dizer que é por ter produzido e "se agarrado" a essa sintaxe que o masculino mantém a mestria do discurso? Nessa sintaxe, nessa ordem do discurso, a mulher, mesmo tendo sido ocultada, e na maioria das vezes ocultada como tal e ausente enquanto sujeito, vem fazer "sentido" – sangue?* –, vem criar um "conteúdo". Essa sintaxe do discurso, da lógica discursiva e que também

---

* Irigaray joga com a homofonia das palavras *sens* (sentido) e *sang* (sangue) em francês. (N. E.)

é, mais genericamente, uma sintaxe da organização da sociedade, essa sintaxe "política" não é sempre para o masculino (e como poderia ser de outro modo? – pelo menos enquanto não houver o desejo do outro?) um modo de se autoapagar, autoproduzir ou reproduzir, autogerar ou representar a si próprio – ele como o mesmo, o único padrão do mesmo? E, como a autoafeição masculina tem necessidade de instrumentos – o homem, para se tocar, diferentemente da mulher, necessita de instrumentos: a mão, o sexo e o corpo da mulher, a linguagem –, essa sintaxe forçosamente, segundo uma lógica econômica, não se serviu de tudo para autoafetar? Enquanto "a outra" sintaxe, a que tornaria possível a "autoafeição" feminina, falha, é recalcada, censurada: o feminino não é jamais afetado exceto pelo e para o masculino. O que colocaríamos em jogo seria uma sintaxe que tornasse possível, portanto, a "auto-afeição" da mulher. Uma "autoafeição" que certamente não seria redutível à economia do mesmo do Um, e para a qual a sintaxe e o sentido devem ainda ser encontrados. (cf. "Este sexo que não é um", "A mecânica dos fluidos", "Quando nossos lábios se falam")

A respeito disso, pode-se bem dizer que tudo o que é proposto pela psicanálise – e principalmente quando a masturbação das menininhas é pensada segundo o modelo do "fazer como os menininhos" – passa completamente à parte do que poderia ser a "autoafeição" da mulher. Pois a mulher não se afeta, não pratica a "autoafeição", segundo o modelo masculino. O "insólito" – o que explicaria talvez, mas não seria a única explicação para, o fato de que a afirmação da mulher como outro aconteça tão tarde e de que sua relação com a linguagem seja tão problemática – é que a mulher já pode ser afetada sem "instrumentos", que ela pode tocar a si própria, "dentro dela mesma", antes de todo recurso a um instrumento. Desse ponto de vista, proibir que ela se masturbe é risível. Pois como proibir uma mulher de se tocar? Seu sexo, "nele próprio", se toca todo o tempo. Contrariando esse fato, tudo será feito para impedir esse toque, para impedi-la de se tocar: a valorização unicamente do sexo masculino, o império do falo, a sua lógica do sentido e seu sistema de representações são outras tantas formas de apartar o sexo da mulher dele próprio e de privar a mulher de sua "autoafeição".

O que explica, além do mais, por que as mulheres não têm desejo, por que elas não sabem o que querem: elas estão tão irremediavelmente impedidas dessa "autoafeição" desde os primórdios e particularmente no complexo de Édipo, exiladas delas próprias, e sem continuidade-contiguidade possível com seus primeiros desejos-prazeres, importadas de uma outra economia na qual elas absolutamente não se situam.

Situam-se, porém, proverbialmente, *na mascarada*. Os psicanalistas dizem que a mascarada corresponde ao desejo da mulher. Isso não me parece justo. Penso que devemos entender a mascarada como o que as mulheres fazem para recuperar algo do desejo, para participar do desejo do homem, mas ao custo de renunciar ao seu próprio. Na mascarada, elas se submetem à economia dominante do desejo, para tentar permanecer no "mercado", apesar de tudo. Mas do lado de quem se goza, e não do lado de quem goza.

O que eu entendo por mascarada? Principalmente o que Freud chama de "feminilidade". É acreditar, por exemplo, que é preciso *tornar-se* uma mulher, uma "normal", ao passo que o homem seria, logo de saída, um homem. Ele apenas teria de realizar o seu ser-homem, enquanto a mulher teria de se tornar uma mulher normal, isto é, entrar na *mascarada da feminilidade*. O complexo de Édipo feminino é finalmente a entrada da mulher em um sistema de valores que não é o seu, e no qual ela só pode "aparecer" e circular envolta nas necessidades-desejos-fantasias dos outros – dos homens.

Dito isso, não é simples e nem fácil de dizer o que seria uma sintaxe do feminino, já que nessa "sintaxe" não haveria mais nem sujeito nem objeto, o "um" não seria mais privilegiado, não haveria mais um sentido apropriado, um nome próprio, atributos "próprios"... Essa "sintaxe" envolveria principalmente o próximo, mas um tão próximo que tornaria impossível toda discriminação de identidade, toda constituição de pertencimento e, portanto, toda forma de apropriação.

PODERIA DAR EXEMPLOS DESSA SINTAXE?

Acho que o lugar em que ela seria melhor decodificada é na gestualidade do corpo das mulheres. Mas, como essa gestualidade é frequentemente paralisada, ou dirigida à mascarada, efetivamente, às vezes torna-se realmente difícil "lê-la". A não ser no que resiste ou subsiste "além". No sofrimento mas também no riso das mulheres. E ainda: no que elas "ousam" – fazer ou dizer – quando estão entre elas.

Essa sintaxe pode ser ouvida, se não tamparmos nossos ouvidos com os sentidos, na linguagem usada pelas mulheres na psicanálise.

Há também um número cada vez maior de textos escritos por mulheres, nos quais uma outra escrita começa a se afirmar, mesmo que ainda seja frequentemente reprimida pelo discurso dominante. De minha parte, já tentei colocar em jogo essa sintaxe em meu livro *Speculum*, mas não de forma simples, na medida em que um mesmo gesto me obrigava a reatravessar o imaginário masculino. Portanto, eu não podia, não posso me instalar naquela forma, serenamente e diretamente nesse outro funcionamento sintático – e não vejo como qualquer mulher poderia fazê-lo.

QUAL É A RELAÇÃO OU A NÃO RELAÇÃO ENTRE FALAR-MULHER E FALAR-ENTRE-MULHERES?

Pode haver um falar-entre-mulheres que seja ainda um falar-homem, mas esse pode ser também o lugar no qual se ousa enunciar um falar-mulher. É certo que com esse mulheres-entre-elas (e essa é uma das apostas dos movimentos de liberação, quando não são organizados com o modelo do poder masculino, e quando não estão reivindicando a tomada do "poder" ou a sua derrocada), nesses lugares onde se processa a fala-entre-as-mulheres, enuncia-se algo de um falar-mulher. É isso que explica o desejo ou a necessidade de não integração: a linguagem dominante é tão poderosa que as mulheres não ousam falar-mulher fora do contexto de não integração.

QUAL É A RELAÇÃO ENTRE FALAR-MULHER E FALAR DA MULHER?

Falar-mulher não é falar da mulher. Não se trata de produzir um discurso no qual a mulher seria o objeto, ou o sujeito.

Dito isso, *falando-mulher,* pode-se tentar arranjar um lugar para o "outro" como feminino.

C. – ESTÁ IMPLÍCITO NO SEU DISCURSO QUE A CONSTITUIÇÃO DE UMA ALTERIDADE DA MULHER IMPLICA A DE UMA ALTERIDADE DO HOMEM?

– Se compreendo sua pergunta, sim. Mas será que me cabe falar de "outro" homem? É curioso, porque essa é uma pergunta que nunca deixam de me fazer. Eu acho isso muito divertido... Não deixam de me perguntar o que seria esse "outro" homem. Por que eu me apropriaria do que esse "outro" homem teria para dizer? O que eu desejo e espero ver é o que os homens farão e dirão se a sua sexualidade se desprender do império do falocratismo. Mas não cabe a uma mulher antecipar, prever, prescrever...

O que já responde um pouco à questão seguinte: *"falar-mulher e falar-mulher dos homens".* Acho que falar-mulher não é mais falar dos homens do que da mulher. Isso implica um outro modo de articulação entre o desejo e a linguagem masculinos e femininos, mas não significa falar *dos* homens. O que seria, mais uma vez, uma espécie de inversão da economia do discurso. Falar-mulher permitiria, entre outras coisas, que as mulheres falassem *aos* homens...

FALAR-MULHER E FALAR HISTÉRICO?

Eu gostaria de perguntar o que quer dizer "falar-histérico". A histérica fala? A histeria não é um lugar privilegiado onde se mantém o que não fala, mas sim um lugar onde ele permanece "em latência", em "sofrimento"? E, particularmente (mesmo segundo Freud...), daquilo que não se fala a respeito da relação entre a mulher e sua mãe, ou com ela própria, ou com as outras mulheres. Daqueles aspectos dos desejos primordiais das mulheres que se encontram reduzidos ao silêncio nos termos de uma cultura que não os permite serem ditos. Uma impotência de "dizer", à qual o complexo de Édipo anexará a sua lei do silêncio.

A histeria, *isso fala* a partir de um modo de uma gestualidade paralisada, de uma palavra impossível e também interdita... Isso fala como *sintomas* de um "isso não pode falar a si nem sobre si"... E o drama da histeria é que ela está cindida entre essa gestualidade, esse desejo, paralisados e encerrados no seu corpo, e uma linguagem que ela aprende na família, na escola, na sociedade, que não tem absolutamente continuidade com – e nem, é claro, uma metáfora para – os "movimentos" do seu desejo. O que lhe resta, portanto, é ao mesmo tempo o mutismo e o mimetismo. Ela se cala, e ao mesmo tempo imita. E – como poderia ser de outro modo? – imitando-reproduzindo uma linguagem que não é a sua, a linguagem masculina, ela a caricatura, a deforma: ela "mente", ela "engana", aspectos que são sempre atribuídos às mulheres.

O problema do "falar-mulher" seria justamente o de encontrar uma continuidade possível entre essa gestualidade ou essa palavra do desejo – as quais, atualmente, não são evidenciadas senão sob a forma de sintomas e de patologia – e uma linguagem, incluindo uma linguagem verbal. Mais uma vez, poderíamos questionar se a psicanálise não sobrepôs ao sintoma histérico um código, um sistema de interpretação(ções) que não corresponde ao desejo fixo nas somatizações e no silêncio. Em outros termos, a psicanálise não oferece uma "cura" às histéricas para além da abundância de sugestões que visam adaptá-las, um pouco melhor, à sociedade masculina?

☆☆☆

Já que comecei a evocar a histeria, vou responder brevemente à série de questões feitas sobre esse problema.

A HISTERIA É UMA NEUROSE FEMININA?

Não é – hoje, num terreno privilegiado... – um "sofrimento" do "feminino"? Principalmente em sua relação não articulável ao desejo da mãe? À mulher-mãe? O que não quer dizer que ela seja encontrada apenas nas mulheres.

ELA É UMA NEUROSE (FEMININA)?

A questão é se ela é uma neurose em oposição à psicose? Ou se é uma patologia?

Cada questão sobre a histeria requer uma resposta pelo menos dupla.

É *uma neurose*? Aproxima-se mais da neurose? A resposta não é simples. Se for necessário retomar essas categorias, direi que a histeria está mais do lado da psicose, mas que a mulher, faltando-lhe linguagem, não pode elaborar a mesma economia da psicose que o homem. *É uma patologia?* Acho que devemos responder: sim e não. A cultura, pelo menos a cultura ocidental, a constitui como patologia. E como a histeria não pode ser vivida fora de um funcionamento social e cultural... Mas essa "patologia" é ambígua, pois significa também a *reserva de outra coisa*. Em outras palavras, há sempre, na histeria, ao mesmo tempo uma potência em reserva e uma potência paralisada. Uma potência que foi sempre reprimida, em função da *subordinação* do desejo feminino ao falocratismo; uma potência constrangida ao silêncio e ao mimetismo, pelo fato da submissão do "sensível", da "matéria", ao inteligível e ao seu discurso. O que acarreta efeitos "patológicos". E há, simultaneamente, na histeria, a possibilidade de um outro modo de "produção", notadamente gestual e de linguagem, mas que está guardado, mantido, em latência. Como se fosse uma reserva cultural ainda a vir?...

HÁ UM "FALAR-MULHER", UM FALAR DE OUTRA MULHER, A SER DESCOBERTO POR TRÁS DA INTERPRETAÇÃO FREUDIANA, COMO A CIVILIZAÇÃO MINO-MICÊNICA POR TRÁS DA GREGA? (cf. *Speculum*, p. 75)

O próprio Freud diz a si, quando reconhece, por exemplo, que, no que se refere à histeria, ele ignorou o laço, pré-edipiano, da menina com a mãe. Mas ele afirma que essa relação da filha com a sua mãe é tão esmaecida pelo passar dos anos, tão censurada-recalcada, que seria preciso como que voltar ao tempo anterior ao da civilização grega para encontrar os traços de uma outra civilização que permitiria decifrar o que acontece com esse desejo arcaico entre a mulher e a mãe.

Pode-se também perguntar: se adviesse um falar dos dois sexos, a histeria estaria ainda mais do lado do "feminino"? O falar-mulher ainda estaria do lado da histeria? É bem difícil responder...

Além disso, creio que os homens teriam muito a ganhar se fossem um pouco menos repressivos no que se refere à histeria. Pois, de fato, recalcando e censurando a histeria, eles obtiveram um acréscimo de potência, ou mais exatamente de poder, mas perderam muito da relação com seu próprio corpo.

☆ ☆ ☆

A. – "A MULTIPLICIDADE SEXUAL", A DESCOBERTA DE UM INCONSCIENTE PRODUTIVO, INOCENTE, A PERVERSÃO POLIMORFA FORA DE TODO QUADRO FAMILIAR, TUDO ISSO NÃO NOS FARÁ DEIXAR MAIS CONVICTAMENTE O

TERRENO DO VELHO SONHO DE SIMETRIA E/OU DO IMAGINÁRIO MASCULINO?

– A questão que eu faria, em primeiro lugar, é: essa multiplicidade sexual é ou não análoga à perversão polimorfa da criança da qual fala Freud? Perversão polimorfa analisada por ele segundo um modelo masculino e que encaminha a multiplicidade à economia do mesmo, do um, do mesmo do Um.

É preciso não esquecer que Freud escreve: "no início, a menina pequena é um menino pequeno". O masculino, "desde o início", serve de modelo ao que é descrito e prescrito do desejo da menina. Mesmo antes do complexo de Édipo. E o que Freud diz – decretado como lei – sobre o complexo de castração da menina só é válido se a menina tiver exclusivamente desejos masculinos. Você concorda com esse gênero de afirmação? E a perversão polimorfa, tal como é analisada por Freud, corresponde aos desejos-prazeres de uma menina?

Por exemplo, na descrição da perversão polimorfa, trata-se muito pouco do gozo que poderia se alcançar em relação aos "fluidos". O estágio anal já está no prazer do "sólido". Ora, o gozo do fluido subsiste nas mulheres, parece-me, bem além do estágio dito oral: o prazer do "isso flui", nela, fora dela, isto é, entre elas. Esse é somente um exemplo entre muitos outros possíveis, que significariam que essa perversão polimorfa é ainda prescrita e "normalizada" por modelos masculinos. Perversão polimorfa, sim, mas à condição de rever a sua economia. Além disso, toda a sociedade é repressiva quanto à relação das mulheres com o gozo anal. Repressão que elas, é claro, no mais das vezes reeditam por conta própria. Isso também deveria ser repensado, não somente em um discurso do, ou sobre, o desejo, mas em uma interpretação de todo o funcionamento sociocultural.

A. – O QUE DIGO É QUE, A PARTIR DE UM CERTO MOMENTO, NÃO CONSIGO MAIS COMPREENDER AS OPOSIÇÕES

MASCULINO-FEMININO. NÃO ENTENDO O QUE ISSO QUER DIZER, UM DISCURSO MASCULINO.

– É claro, porque não existe nenhum outro! O problema é o de uma possível alteridade do discurso masculino, ou em relação ao discurso masculino.

A esse propósito, eu colocaria uma outra – ainda a mesma – questão: as mulheres reencontram o seu gozo nessa "economia" do múltiplo? Quando pergunto o que pode se passar do lado das mulheres, não é absolutamente para anular a multiplicidade, porque o prazer das mulheres não acontece sem ela. Mas uma multiplicidade, sem rearticulação da diferença dos sexos, não é uma multiplicidade que impede, que retira algo do gozo da mulher? Em outras palavras, o feminino é capaz, hoje, de atingir esse desejo, *neutro*, principalmente do ponto de vista da diferença dos sexos? A não ser que imite, ainda, um desejo masculino. E a "máquina desejante" não toma parcialmente o lugar da mulher ou do feminino? Não é ela uma espécie de metáfora utilizável pelos homens? Principalmente em função de sua relação ao tecnocrático?

Ou ainda: essa "psicose" pode ser a "das mulheres"? Se é, não será uma psicose que as impede de aceder ao gozo? Pelo menos ao *seu* gozo? Isto é, a um gozo diferente de um gozo abstrato – neutro? – da matéria sexuada. Esse gozo, podendo constituir uma descoberta para os homens, um a-mais do gozo, em um "tornar-se mulher" fantasístico, mas que é, há muito tempo, familiar às mulheres. Para elas, o corpo sem órgãos não é uma condição histórica? E não se corre o risco, mais uma vez, de tomar da mulher esses/seus espaços não ainda territorializados de onde poderia advir o seu desejo? Nas mulheres, tendo sido ao mesmo tempo designadas a preservar o "corpo-matéria" e o "sem órgãos", o "corpo sem órgãos" não viria a ocupar o lugar de sua própria cisão (*schize*)? Da remoção de seu desejo de seu corpo? Do ainda e sempre "virgem" do seu desejo? Para fazer do "corpo sem órgãos" uma "causa" de gozo, não seria preciso ter tido uma relação com a linguagem e com o sexo – com os órgãos? – que as mulheres nunca tiveram?

A. – QUAL A DIFERENÇA ENTRE O TORNAR-SE MULHER QUE VOCÊ DENUNCIA E O ADVIR-MULHER, FEMININO? NÃO SE TRATA DE RESTABELECER UMA DIFERENÇA? COMO ESSA DIFERENÇA ESCAPARIA DA HIERARQUIA; E NÃO SE PERMANECE, PELA DIFERENÇA, NA HIERARQUIA?

– Não obrigatoriamente, a não ser que se permaneça no "império" do mesmo.

B. – A HIERARQUIA SUPÕE O MESMO: É PRECISO QUE A DIFERENÇA SEJA MASCARADA PELO MESMO E SUPRIMIDA PELO MESMO. A HIERARQUIA PRESSUPÕE IDENTIDADE.

A. – EM TODO CASO, PARECE-ME QUE A PERVERSIDADE POLIMORFA EM FREUD SE SITUA EM UM ESTÁGIO PRÉ-EDIPIANO NO QUAL A DIFERENÇA DOS SEXOS NÃO É INSTITUÍDA.

– E isso não é de se estranhar? Talvez a diferença sexual seja, para vocês, correlativa à genitalidade? O que explicaria um mal-entendido entre nós. Precisaríamos relembrar que a menina tem um corpo sexuado diferente do corpo do menino, bem antes da "genitalidade"? Não sendo esta, evidentemente, senão um modelo de sexualidade normal, e normativa. Quando digo que é preciso voltar à questão da diferença dos sexos, essa não é, evidentemente, uma evocação à "genitalidade". Mas, afirmar que não há diferença de sexos antes da genitalidade é verter o "feminino" a um "modelo" bem mais velho e mais poderoso...

A. – O QUE VOCÊ FAZ COM A QUESTÃO DAS RELAÇÕES FAMILIARES? VOCÊ DIZ QUE FREUD ESQUECE A RELAÇÃO DA MENINA COM A MÃE. DE FATO, O QUE É A MÃE, EM RELAÇÃO À MULHER?

– No que se refere à família, a minha resposta será simples e clara: a família foi sempre o lugar privilegiado da exploração das mulheres. Portanto, no que concerne às relações familiares, não há ambiguidade!

E. – POR QUE A FAMÍLIA NÃO PODERIA, DA MESMA FORMA, SER O LUGAR PRIVILEGIADO DA ALIENAÇÃO DO HOMEM?

– Certamente, a alienação é sempre recíproca. Mas, historicamente, a apropriação não se determina em um sentido qualquer. Na família e na sociedade patriarcal, o homem é o proprietário da mulher e dos filhos. Não reconhecer isso é recusar toda determinação histórica. O mesmo se dá quanto a objetar o "poder da mãe", enquanto ele só existe "no interior" de um sistema organizado pelos homens. Nesse poder "falocrático", o homem não deixa também de perder: particularmente, em gozo do seu próprio corpo. Mas, historicamente, na família, é o homem-pai que aliena os corpos, o desejo, o trabalho da mulher e dos filhos, considerando-os como seus bens.

Além do mais, quando falo da *relação com a mãe*, quero dizer que, na nossa cultura patriarcal, a menina não pode absolutamente controlar sua relação com a mãe. Nem a mulher, sua relação com a maternidade, a menos que se reduza a ela. A sua pergunta parece indicar que, para você, não existe diferença entre ser mãe e ser mulher. Que não há articulação a ser feita, pela mulher, entre esses/ seus dois desejos. Seria preciso perguntar às mulheres o que elas pensam disso. Ou como "vivem" isso...

Que não houvesse mais famílias, isso não impediria que as mulheres colocassem mais mulheres no mundo. Ora, não há possibilidade alguma, na lógica atual do funcionamento sociocultural, de que uma menina se situe em relação à sua mãe: pois elas não fazem, rigorosamente, nem uma nem duas, elas não têm nome, sentido, sexo próprio, nem não são "identificáveis" uma em relação à outra. Problema que Freud dispensa "serenamente", dizendo que a menina deve se afastar de sua mãe, "odiá-la", para entrar no complexo de Édipo. Isso não quer dizer que é impossível para uma menina – nos sistemas de valor que são os nossos – efetivar a relação com a mulher que a trouxe ao mundo? A mãe: não se trata necessariamente da mãe de família. É a mulher que dá à luz, que alimenta, ou que educa uma menina. Como efetivar a articulação de relações entre essas duas mulheres? Aqui se impõe, "por exemplo", a necessidade de uma outra "sintaxe", de uma outra "gramática" da cultura.

☆ ☆ ☆

E. – EM SUA PRÁTICA DE ANALISTA, COMO VOCÊ FAZ PARA FALAR-MULHER?

– Quando falo aqui, neste contexto e na posição em que me encontro, a diferença talvez seja difícil de ser detectada... A não ser, dentre outras coisas, pelo número de perplexidades, de incertezas, de questões, significando a falta de um sistema já estabelecido pelo qual minha linguagem possa ser ordenada e antecipada? Mas, quanto a "falar-mulher", não posso simplesmente prestar contas – ele se fala, mas não é uma metalinguagem.

E. – COMO É POSSÍVEL SER MULHER E SER ANALISTA, E PROFESSORA, POR EXEMPLO? COMO "FALAR-MULHER" COM PESSOAS QUE FALAM E PESSOAS QUE ESCUTAM? AQUI, HÁ UMA PESSOA QUE FALA E OUTRAS QUE ESCUTAM...

– Se estou falando a vocês hoje, é porque já tinha escutado as questões que vocês me fizeram. Mas, nem que seja somente do ponto de vista cenográfico, o dispositivo que opera aqui realmente incomoda muito. E é bem evidente que quando eu falo como agora – em um seminário, uma conferência, um congresso –, sinto-me obrigada, constrangida, a voltar ao discurso que é mais correntemente usado. Tento rodeá-lo, mostrando que talvez exista um "fora" irredutível. Mas, para fazer isso, devo começar por me servir, é bem verdade, da linguagem corrente, da linguagem dominante.

Dito isso, a própria forma de sua pergunta é interessante. Ela significa: como é possível ser "mulher" e estar "na rua"? Seja estar em público, ser público – e ainda mais forçosamente, fazê-lo no modo da palavra. Voltamos à questão da família: por que a mulher, que pertence à esfera privada, não está sempre encerrada na casa? A partir do momento em que ela sai de casa, fica-se imaginando, pergunta-se a ela: como é possível que você seja uma mulher e que, ao mesmo tempo, esteja em outro lugar? E se, sendo mulher e estando também em público, você tem a audácia de dizer algo do *seu* desejo, o resultado é escândalo e repressão. Você perturba a ordem – principalmente a do discurso. Daí, é óbvio, você é excluída da universidade, de fato, de todas as instituições. (cf. questão IV e sua resposta)

D. – A RESPOSTA DA INSTITUIÇÃO É PREVISÍVEL, NORMAL. MAS, O QUE ME SURPREENDE É O SEU DESEJO DE SER ANALISTA. VOCÊ TEM O DESEJO DE SER UMA ANALISTA-MULHER? PARECE-ME QUE É IMPOSSÍVEL SER ANALISTA EM NOME DE UM OUTRO DESEJO QUE NÃO O DO PODER.

B. – VOCÊ DISSE, HÁ POUCO, QUE O INCONSCIENTE TINHA ALGO QUE VER COM O FEMININO, E QUE A SUA INTERPRETAÇÃO TRADICIONAL ERA REDUTORA. PARA SER UMA ANALISTA NO FEMININO, VOCÊ DEVERIA, PORTANTO, SER UMA ANTIANALISTA, CONSIDERANDO QUE O TERMO "ANALISTA" DESIGNA AQUI A RELAÇÃO COM A INSTITUIÇÃO E COM A INTERPRETAÇÃO DO INCONSCIENTE.

– Ser antianalista pertence indubitavelmente à mesma problemática que ser analista no sentido tradicional. O "anti" não está ainda e sempre preso na economia do mesmo? Eu não sou "antianalista". Tento interpretar o funcionamento tradicional da instituição analítica a partir do que ela desconhece da sexualidade feminina, e a partir da ideologia homossexual masculina subjacente. E, principalmente, a partir de sua relação com o poder.

B. – NESSE SENTIDO, O FUNCIONAMENTO TRADICIONAL NUNCA REALIZOU ANÁLISE ALGUMA, NA MEDIDA EM QUE A INTERPRETAÇÃO DO INCONSCIENTE, REDUZIDO AO MASCULINO, O OCULTA, UMA VEZ QUE O INCONSCIENTE TEM ALGO A VER COM O FEMININO. A ANÁLISE INSTITUCIONAL, DE UMA CERTA FORMA, NÃO É UMA ANÁLISE.

– Eu não diria simplesmente isso. Eu diria que, sobre certos pontos – que não são negligenciáveis...–, ela é redutora. Que ela se mantém paradoxalmente na indiferença sexual, enquanto, para ela, o sexo feminino é sempre determinado em função de um modelo masculino. Eu diria que a psicanálise, infelizmente, não traz, ou não traz mais a "peste", mas que ela se conforma demasiadamente com uma ordem social.

D. – VOCÊ TRABALHA NO QUADRO PSICANALÍTICO FALOCRÁTICO – FREUDIANO OU LACANIANO, NÃO IMPORTA –, COM A INTENÇÃO DE PRODUZIR UMA OUTRA ANÁLISE, OU UM OUTRO MODO DE OPERAÇÃO ANALÍTICA QUE EU CHAMARIA DE "ANÁLISE-MULHER"? OU VOCÊ TRABALHA NUM QUADRO TAL PARA PRODUZIR UM TIPO DE ESCUTA QUE NÃO REIVINDICARIA O NOME DE ANÁLISE: DESTRUIR O PROCEDIMENTO ANALÍTICO...

– Eu poderia responder que a questão de saber se, em relação à instituição, eu me situo "dentro" ou "fora", não me concerne...

Será que eu quero "produzir uma análise-mulher"? Sim e não. Digamos, antes: tentar praticar a escuta e a interpretação do inconsciente de tal modo que não sejam mais hierarquizantes do ponto de vista da diferença dos sexos.

Dentre as perguntas escritas estava a de saber se eu analisaria homens, ainda. Certamente, já que é a diferença dos sexos que eu tento recolocar em jogo, sem subordinação do outro ao um.

Destruir a psicanálise, foi isso o que você me perguntou? Tento antes analisar um certo modo de seu funcionamento, e a partir dele modificar a sua prática.

G. – COMO, SENDO UMA "ANALISTA-MULHER", VOCÊ PODE ESCUTAR? QUERO DIZER QUE A ESCUTA ANALÍTICA, SENDO DE ANALISTAS HOMENS OU MULHERES, SITUA-SE ATÉ O PRESENTE NO NÍVEL DA ESTRUTURA MASCULINA DO VER, DO OLHAR QUE PENETRA. POR QUAL PROBLEMÁTICA, OU SINTAXE, DO SILÊNCIO, VOCÊ SE POSICIONA PARA NÃO SE DEIXAR "PENETRAR"? EM OUTROS TERMOS: QUAL É O ALCANCE DE SEU OUVIDO, EM RELAÇÃO AO OUVIDO "MASCULINO" QUE "VÊ"?

– Acho que não é, ou não é somente, uma questão de "alcance". Para abreviar – e, dados os problemas de horário, respondo rapidamente demais e alusivamente a todas as suas perguntas... – direi que você mesmo já está respondendo... Do que se diz em análise pode-se, realmente, no modo tradicional do teórico, privilegiar um certo "visível", que está ligado à verdade, ao sentido próprio... Meu ouvido, portanto, pode ser o que discrimina, e identifica, e classifica, e interpreta esse "visível". Ele pode estar a serviço de uma percepção à distância, e privilegiar o "bem formado". Ou então, ele pode se deixar *tocar de outra forma*.

G. – DEIXAR-SE TOCAR DE OUTRA FORMA: É TOCAR UM LUGAR QUE NÃO SERIA MAIS CIRCUNSCRITO AO NÍVEL DA PALAVRA, DA LINGUAGEM EM GERAL, DO CORPO? É A POSSIBILIDADE DE DEIXAR SE REALIZAR UMA IRRADIAÇÃO SOBRE O CONJUNTO DO CORPO, SOBRE O CONJUNTO DA LINGUAGEM, FAZER REINAR ESSE "OUTRO" SEM O NOMEAR?

– Se eu estiver te entendendo bem, sim. E isso significaria que o que deve se escutar e fazer advir é antes um outro modo do "sintáxico": na linguagem e no corpo. Eu diria ainda que a partir do momento em que você não ouve mais com um privilégio do sentido, do bem formado, do visível, então o corpo do analista, seu próprio – poderíamos a esse propósito reinterrogar o que se chama de "neutralidade benevolente"... – não é mais preservado por esse tipo de tela ou de referente. E, consequentemente, ele está em jogo "de outra forma" na transferência.

G. – ME PARECE QUE ESSE SERIA O SONHO DA PSICA-NÁLISE.

– Então, quanto a isso, não estou certa de estar compreendendo...

G. – SE A MASCARADA FOR REVERTIDA AO "MESMO", O QUE SE DIZ FORA DA MASCARADA SERIA "O OUTRO"?

– É um tanto apressado... mas acho que se trata bem disso. Sairíamos assim de uma economia *escópica* dominante para estarmos mais em uma economia dos *fluxos*.

Se eu tivesse de redigir um relatório de tratamento, como se diz, eu não o faria como sempre tem sido feito: por meio do "relato", da dissecção, da interpretação unicamente da transferência do(a) analisando(a), mas recolocando em cena as *duas* transferências. Esse é um dos pontos em destaque do poder analítico. Os analistas também têm uma transferência. Mas, ou eles se defendem dela com neutralidade benevolente, ou na relação com a teoria já constituída; ou ainda, eles não dizem nada.

G.– O QUE SIGNIFICARIA QUE A RUPTURA SERIA REGULADA A PARTIR DA PSICANÁLISE DA LEI, DA PSICANÁLISE DO HOMEM...

☆☆☆

QUESTÕES I*

QUAL É O MOTIVO QUE INCITOU E SUSTENTOU A REALIZAÇÃO DE SEU TRABALHO?

Eu sou uma mulher. Sou um ser sexuado, feminino. Sou sexuada feminina. O motivo de meu trabalho encontra-se na impossibilidade de articular tal enunciado; pelo fato de que a sua produção é de alguma forma insensata, inconveniente, indecente. Seja porque *mulher* nunca é atributo de *ser*, e nem *sexuado feminino* uma qualidade de *ser*, seja porque *sou uma mulher* não é predicado de *eu*, seja porque *eu sou sexuada* exclui o gênero feminino.

Em outros termos, a articulação da realidade do meu sexo é impossível no discurso e por uma razão de estrutura, eidética. Meu sexo é subtraído, pelo menos como propriedade de um sujeito, do mecanismo da predicação que assegura a coerência discursiva.

Posso, portanto, falar inteligentemente tanto como sexuado(a) homem (*mâle*) (reconhecendo isso ou não) ou então como assexuado(a). Senão, eu entraria no ilógico que, proverbialmente, é atribuído às mulheres. Todos os enunciados que eu produzir serão, portanto, emprestados de um modelo que deixa meu sexo à parte – o que implica uma constante discrepância entre os pressupostos de minha enunciação e meus enunciados, e que, aliás, faria com que, imitando o que não corresponde à minha "ideia" ou "modelo" (aliás, eu não o tenho), eu fosse muito inferior a quem tivesse ideias ou modelos por conta própria –, ou então meus enunciados serão ininteligíveis, segundo o código em

---

* Estas três perguntas são as formuladas, explícita ou implicitamente, pelos membros do júri de uma tese de doutorado de faculdades estatais. (Portanto, foram feitas no Departamento de Filosofia da Universidade de Vincennes, no dia 2 de outubro de 1974). (N. A.)

vigor. Portanto, qualificáveis como anormais, isto é, patológicos.

Essa aporia do discurso em relação ao sexo feminino – se for tomada como limite da própria racionalidade, ou como uma incapacidade da mulher de falar de maneira coerente – coloca uma questão e provoca mesmo uma crise, que podem ser analisadas nas diversas áreas específicas, mas que necessitam, para ser interpretadas, passar pelo discurso dominante: o que prescreve, em última instância, a organização da linguagem, que faz a lei para os outros, e, aliás, para o discurso que é edificado sobre esses outros: o discurso dos discursos, o discurso filosófico. Para questionar seu estrangulamento da história, sua dominação histórica.

Mas essa mestria filosófica – que constitui o tema do *Speculum* – não pode ser abordada simplesmente de frente, nem simplesmente no interior do próprio campo filosófico. Seria preciso, portanto, recorrer a outras linguagens – sem esquecer a dívida que elas têm para com a linguagem filosófica –, e mesmo aceitar a condição do silêncio, da afasia como sintoma – histórico-histérico, histérico-histórico –, para que algo do feminino como limite do filosófico pudesse enfim ser escutado.

QUAL FOI O SEU MÉTODO NESSA PESQUISA?

Questão delicada. Pois o método, o meio de conhecimento, não é o que sempre nos desviou, extraviou, por meio da fraude e do artifício, do caminho da mulher; até o ponto de consagrar o seu esquecimento? Essa segunda interpretação do termo método: caminho desviado, fraude e artifício, é, aliás, sua segunda tradução possível. Para que o caminho da mulher seja reaberto, principalmente na e pela linguagem, seria preciso, portanto, lembrar como o método não é nunca tão simples quanto pretende ser; como o projeto teleológico, teleologicamente construtivo, que o método assume é sempre um projeto, consciente ou não, de desvio, de extradição, de redução, no próprio artifício do mesmo, do outro. Em outras palavras, falando no mais alto nível de generalidade tanto quanto o método filosófico está em causa: do feminino.

....

Era preciso, portanto, destruir, mas, como escrevia René Char, com instrumentos nupciais. O instrumento não é um atributo feminino. Mas a mulher pode reutilizar as marcas feitas sobre ela, nela, pelo instrumento. Em outras palavras: a opção que me restava era *contrair núpcias com os filósofos*. O que não é um empreendimento simples... Pois, qual o caminho que tomaremos para nos reintroduzir nos seus sistemas tão coerentes?

Num primeiro momento, há talvez um só caminho no qual a condição feminina é imputada: o *mimetismo*. Mas esse papel é complexo, pois supõe prestar-se a tudo, se não for a todos. *Duplicar* seja lá o que for, quem for, receber todas as marcas, *sem apropriar-se delas,* e *sem juntar nada a elas.* Ou seja, ser apenas a possibilidade, para o filósofo, de (se) refletir. Como a *chôra* platônica, mas ainda o espelho do sujeito.

Retornar à casa do filósofo exige também poder assumir o papel de *matéria* – mãe ou irmã. Seja da matéria que recomeça sempre a alimentar a especulação, do que funciona como *recurso* da reflexão – o sangue vermelho da semelhança –, mas também como *dejeto*, como resíduo que relega ao exterior o que resiste à transparência – loucura.

Casar com o filósofo supõe também guardar *aquilo que, do espelho, não pode refletir de si próprio*: seu dorso, seu brilho, portanto o maravilhamento, os êxtases.

Matéria para a reprodução, espelho para o duplicar, a mulher do filósofo deverá ainda assegurar essa *caução de um narcisismo frequentemente extrapolada em uma dimensão transcendental*. Certamente sem o dizer, sem o saber. Mais do que tudo, esse segredo não deverá nunca ser desvelado. Esse papel não é possível senão pela sua esquiva última à prospecção: uma virgindade inapta à reflexão de si. Gozo todo "divino".

A mulher do filósofo deverá ainda, mesmo que de forma mais secundária, ser bela e *exibir todos os atrativos da feminilidade,* para distrair um olhar muito frequentemente abstraído em contemplações teóricas.

Essa mulher – e já que o discurso filosófico domina a história em geral –, *essa mulher de todo homem* é, portanto, votada ao serviço do "auto" do "filósofo" sob todas as formas. E, no caso das núpcias, ela corre o risco de não ser senão a mediação necessária às celebrações do filósofo consigo próprio, e com o seu semelhante.

Se ela puder representar bem esse papel, se não morrer por isso, é porque tem uma reserva em relação a essa função. Que ainda subsiste, de outra forma e em outro lugar que não onde ela imita tão bem como lhe pedem. Porque seu "auto" próprio permanece estranho a toda essa encenação. Mas é preciso, sem dúvida, reencenar para que se lembre daquilo que terá sido tão bem metabolizado que *ela* esqueceu: seu sexo. Heterogêneo a toda essa economia da representação, mas que, pelo fato de ter permanecido assim "do lado de fora", pode justamente interpretá-la. Pois ele não postula nem o um, nem o mesmo, nem a reprodução, nem mesmo a representação. Pois ele permanece então em outro lugar que não o da repetição geral, onde ele não é retomado senão como *outro do mesmo.*

Por esse motivo, a mulher significa, como escreveu Hegel, a eterna ironia da comunidade – dos homens.

À condição de que ela não queira ser igual a eles. Que ela não entre em um discurso cuja sistemática se baseia na sua redução ao mesmo.

....

QUAIS SÃO AS CONCLUSÕES DO SEU TRABALHO?

Para concluir, chego, portanto, ao que poderia ser dado como propostas:

1. Que Freud tenha tomado como objeto de seu discurso a sexualidade não implica necessariamente que tenha interpretado o papel da sexuação no discurso em si, principalmente do seu próprio discurso. A análise dos pressupostos da produção do discurso não é feita por ele, no que se refere à diferença sexual. Ou ainda: as questões colocadas pela prática e pela teoria de Freud à cena da representação – questões relativas ao que ela recalca sob a forma do que ele designa como inconsciente, do que ela negligencia como efeitos de sobredeterminação, *d'après coup*, de "pulsão de morte", etc., sobre os enunciados do sujeito –, essas questões não vão até à da determinação sexuada dessa cena. Faltando essa interpretação, o discurso de Freud permanece preso em uma economia meta-psíquica.

2. De um ponto de vista mais estritamente filosófico, pode-se perguntar se, levando-se em conta a sexuação do discurso, não se abre a possibilidade de uma outra relação com o transcendental. Nem simplesmente subjetivo nem simplesmente objetivo, não univocamente centralizado nem descentralizado, nem único nem plural, mas como lugar – até o presente sempre reduzido a um ek-stase – do que eu chamaria de *"a cópula"*. O que exige a interpretação do ser como tendo sempre já (re)tomado o papel de cópula em uma economia

discursiva que nega a operação copulativa entre os sexos na linguagem.

3. Esse lugar só pode emergir se uma "especificidade" for reconhecida como feminina na sua relação com a linguagem. O que implica uma outra "lógica", diferente daquela que impõe a coerência discursiva. Foi essa outra "lógica" que tentei praticar na escrita de *Speculum*; comecei igualmente a indicar certos elementos seus em "L'incontournable volume" ("O volume incontornável").

Digamos que ela recusaria qualquer fechamento ou circularidade do discurso – toda constituição de *arché* ou de *télos*; que ela privilegiaria o "próximo" mais do que o "próprio", mas um "próximo" não re(tomado) na economia espaço-temporal da tradição filosófica; que ela acarretaria o estabelecimento de uma outra relação com a unidade, com a identidade de si, com a verdade, com o mesmo e, portanto, com a alteridade, com a repetição, e portanto, com a temporalidade; que ela reatravessaria "diferentemente" os pares matéria/forma, poder/ato, etc. O outro estando, para o feminino, no um(uma), sem que por isso haja igualdade, identidade, subordinação, apropriação... possível de um(a) na sua relação com o outro. Seria uma economia de troca sob todas as suas modalidades, que ainda deveria ser posta em ação.

O que necessita de um reatravessamento dos processos de especula(riza)ção que são subjacentes ao nosso funcionamento social e cultural. Efetivamente, as relações entre sujeitos sempre recorreram, explicitamente ou em geral implicitamente, ao *espelho plano*, ou seja, ao que privilegia a relação do homem com o seu semelhante. Um espelho plano já terá sempre subentendido e atravessado a especulação. Quais efeitos de projeção linear, de circularidade de reviramento sobre o ego (como) mesmo, de erupções em pontos-significantes de identidade provocados? Qual "sujeito" encontrava nisso, finalmente, seu "devido a si"? Qual "outro" foi reduzido à função dificilmente representável do negativo? Confundida nesse espelho – inclusive na sua ausência de reflexos – onde se projetava e se reassegurava o desenvolvimento histórico do discurso. Ou ainda, ela [a função] se encontrava designada para o papel de "matéria", matriz opaca e silenciosa, reserva para as especula(riza)ções a vir, polo de uma certa oposição cujas hipotecas fetichistas ainda não se terminaram de levantar. Interpretar a intervenção do espelho, o que ele terá mantido como suspenso em um atordoamento irrefletido de seu brilho, o que ele terá fixado em seu corte, congelado o fluir do "outro", e vice-versa, é claro: é isso que está em jogo.

Seria necessário, portanto, reinterrogar a dominação do especular e do especulativo sobre a história, e também – como o especular é uma das dimensões irredutíveis do animal falante –, introduzir um modo de especularização que permitisse a relação da mulher com "ela mesma" e com os seus semelhantes. O que supõe a *curvatura do espelho,* mas ainda o seu *dobramento,* e a sua impossível reapropriação "no interior" do espírito, do pensamento, da subjetividade. Donde *a intervenção do speculum e do espelho côncavo,* que perturbam a montagem da representação segundo parâmetros demasiadamente exclusivos "masculinos". Estes últimos excluem as mulheres da participação nas trocas, a não ser como objetos ou como possibilidade de transações entre homens.

4. O que lembra o interesse político – em seu senso restrito ou generalizado – deste trabalho. O fato de a "liberação" das mulheres necessitar de uma transformação do econômico, que passe forçosamente pela transformação da cultura, e de sua instância operante: a linguagem. Sem essa intepretação de uma gramática geral da cultura, o feminino não terá nunca lugar na história, a não ser sob a modalidade de uma reserva de matéria e de especulação. E, como já afirmava Antígona: "entre ela e ele, nada poderá jamais ser dito".

☆☆☆

QUESTÕES II*

... DADO QUE VOCÊ ESTÁ AQUI PARA "RESPONDER" *SOBRE* (E TAMBÉM *COMO*) "MULHER"...

Não posso *responder* nem *sobre* nem *como* mulher. Se de algum modo eu tivesse a pretensão de fazê-lo – me submetendo a tal ou o reivindicando –, eu não faria mais do que remeter a questão do feminino ao discurso que a mantém no recalcamento, na censura e, no melhor dos casos, no desconhecimento. Pois, assim como não se trata, para mim, de fazer da mulher *o sujeito* nem *o objeto* de uma teoria, não é possível subsumir o feminino sob algum termo *genérico*: a mulher. O feminino não pode se significar sob nenhum sentido próprio, nome próprio, conceito, nem mesmo o de mulher. O qual, aliás, é sempre empregado por mim de forma a marcar a ambiguidade de seu uso: a/uma mulher marca simultaneamente a posição exterior do feminino em relação às leis da discursividade, e o fato de que não se trata também de reenviá-lo a algum [sistema] empírico que seria opaco a qualquer linguagem.

... E QUE EU ESTOU AQUI SIMPLESMENTE SOB O TÍTULO DE "INTERROGADOR", SEGUNDO A EXATA INVERSÃO DA RELAÇÃO SOCRÁTICA...

Quanto à "exata inversão da relação socrática", isso não pode ser questionado. Mesmo que seja importante evocar a sua eventualidade, para afastá-la. A inversão, que significaria também uma reviravolta – de poder –, se realizaria ainda no interior do mesmo, esse mesmo estabelecido pela economia do *logos*. Para que o outro, não o *alter ego* invertido do sujeito "masculino" ou o *seu* complemento, ou o *seu* suplemento, mas sim esse outro,

---

* Perguntas feitas por Philippe Lacoue-Labarthe para preparar a edição de *Dialogues*, de 26 de fevereiro de 1975. Essas questões serão reproduzidas aqui somente em parte, fragmentariamente. As "perguntas" e as "respostas" foram trocadas por meio de cartas. (N. A.)

mulher, não seja retomado em sistemas de representação cujo projeto, a teleologia, vise sua redução ao mesmo, certamente será preciso interpretar *todo processo de inversão, de reversão,* bem como a tentativa de redobrar *a exclusão do que excede a representação*: a outra, mulher. Colocar uma mulher em posição socrática equivale a lhe atribuir a mestria do discurso. Posição tradicional do "sujeito masculino". Mais exatamente, do "sujeito" como falocrata. Que toda elaboração "teórica" – mas, é claro, seria preciso voltar a esse *status* do teórico – feita por uma mulher seja irremediavelmente reduzida a essa função, [o fato de] que não seja possível imaginar que possa haver *uma outra* [função] mostra bem – se ainda é necessário mostrar – que a falocracia não cessou de se centralizar sobre um gesto de apropriação. Que quem faz signo na direção ou a partir de um exterior seja ainda e sempre reconduzido ao seu poder, e à circularidade de sua economia discursiva.

... A URGÊNCIA QUE HÁ, DO MEU PONTO DE VISTA, EM DEFENDER O SEU TRABALHO, EM VISTA DO GÊNERO DE REAÇÕES QUE ELE SUSCITOU, E O QUE ELAS SIGNIFICAM...

Quanto ao que significam as reações suscitadas por um trabalho como o meu, penso que acabo de responder: quem ocupa uma posição de mestria não a abandona facilmente, e nem mesmo imagina uma outra posição, o que seria já "sair dela". *Dito de outra forma, o "masculino" não está pronto para partilhar a iniciativa do discurso. Ele prefere tentar falar, escrever, gozar da* "mulher", a deixar a essa outra algum direito de intervir, de "agir" em prol do que seja do interesse dela. O que permanece mais proibido à mulher é, certamente, fazer ouvir algo de seu gozo. Este deve permanecer como *um "domínio" do discurso, produzido pelos homens.* Esse gozo significando, de fato, a maior ameaça para esse discurso. Sua mais irredutível "exterioridade", "extraterritorialidade".

... DADA, TAMBÉM, A POSIÇÃO QUE SEU TRABALHO OCUPA NO CAMPO TEÓRICO ATUAL...

A mulher tem funcionado mais frequentemente como o que está em jogo em uma transação, não sem rivalidade, entre dois homens, inclusive em sua passagem do pai ao marido. Como uma mercadoria que passa de um proprietário a outro, de um consumidor a outro, uma possível moeda de troca entre um e outro. E, nos acontecimentos recentes – a minha exclusão de Vincennes, por exemplo, mas não somente... –, algo do *status* do feminino foi também "jogado" [fora]. Ou seja: em que campo ela se situa? Qual é o seu "pai"? Qual é, portanto, o seu "nome próprio"? A quem ela pertence? De qual "família" ou "clientela" ela provém? Se isso não for nitidamente "destrinchado", a única forma de manter a economia no lugar é a rejeição. É claro, as mercadorias não deveriam falar nunca e nem, sobretudo, ir sozinhas até o mercado... Pois a economia das trocas, entre sujeitos, seria totalmente subvertida.

... O QUE ACONTECE COM A ENTRADA DE UMA MULHER NA "TEORIA DA MULHER" OU NA DESCONSTRUÇÃO DA "TEORIA DA MULHER"?...

Não é exato dizer que eu "entrei" na "teoria da mulher", nem mesmo simplesmente na sua "desconstrução". Pois, nesse tipo de mercado, não tenho nada a dizer. Devo somente manter o seu comércio indo em frente, sendo eu um objeto de consumo ou de troca. O que parece difícil, talvez mesmo impossível, de ser pensado é que possa haver um outro modo de troca(s) que não obedeça mais à mesma lógica. No entanto, é com essa condição que alguma coisa da linguagem e do gozo da mulher pode realmente emergir. Mas "em outro lugar" que não seja o da integração, da captura pela economia do desejo masculino, puramente. Em outros termos, não se poderia falar da "entrada" da/de uma mulher em alguma teoria qualquer, a não ser que essa teoria em questão se tornasse o pôr "em ato" da cópula, e não a apropriação do/pelo ser. Mas então não se trataria mais de entrar e nem de teorizar. E todas as reações de desprezo, de silêncio, de rejeição e ao mesmo tempo de exploração do "trabalho" de uma mulher para encontrar a linguagem de seu gozo, oferecem provas suficientes de que nós absolutamente não estamos aí...

... POR QUE FALAR (DIALOGAR) AQUI COM UM HOMEM, E UM HOMEM CUJO OFÍCIO É MAIS O DA FILOSOFIA?...

Por que tentar falar com um homem? Porque o meu desejo não é justamente o de fazer uma teoria da mulher, mas assegurar um lugar para o feminino na diferença sexual. Essa diferença – masculino/feminino – sempre funcionou "no interior'" dos sistemas representativos, autorrepresentativos, do sujeito (masculino). E esses sistemas, aliás, produziram várias outras diferenças que parecem articuladas para compensar uma efetiva indiferença sexual. Pois um sexo e a sua falta, sua atrofia, seu negativo, não chegam a fazer dois sexos. Em outros termos, o feminino nunca foi definido senão como avesso, reverso, do masculino. Não se trata, portanto, nem de se instalar nessa falta, nesse negativo, mesmo denunciando-o, nem de reverter a economia do mesmo fazendo do feminino o *padrão da "diferença sexual"*, mas sim de tentar praticar essa diferença. Assim: qual outra modalidade de leitura, de escrita, de interpretação, de afirmação, pode ser a minha, na minha qualidade de mulher, em relação a você, homem? É possível que essa diferença não seja novamente reconduzida a um processo de *hierarquização? De subordinação do outro ao mesmo?*

Quanto à filosofia, no que concerne à questão da mulher – o que volta à questão da diferença sexual –, é ela que é preciso interrogar. A menos que se aceite ingenuamente – ou taticamente, às vezes – limitar-se a alguma esfera restrita, ou a alguma marginalidade, que deixe intacto o discurso que faz a lei para todos outros discursos: o discurso filosófico. Portanto, é justamente a ordem filosófica que precisa ser questionada, e *perturbada,* na medida em que recobre a diferença sexual.

A psicanálise, por não ter interpretado satisfatoriamente o impacto da mestria do filosófico sobre todo discurso, comprometeu sua teoria e sua prática no desconhecimento da diferença dos sexos. Prática e teoria psicanalíticas certamente colocam em causa a discursividade filosófica, mas seriam suscetíveis de ser ainda em larga escala reconduzidas a ela – e são, aliás – se não fosse a "questão" da sexualidade feminina. Portanto, é simultaneamente porque a psicanálise ainda constitui um enclave possível do filosófico e porque sou uma mulher que não posso concordar com isso, que resisto a essa reapropriação, que eu desejaria que esse "diálogo" com um homem filósofo se desse, um homem que se interessasse também pela teoria psicanalítica, pela questão da mulher e, é claro, pela questão da apropriação.

... QUAL É O SIGNIFICADO DESSE GESTO EM RELAÇÃO A TUDO O QUE PODE SE INTITULAR HOJE, DE MODOS DIVERSOS, DE "MOVIMENTO DE LIBERTAÇÃO DA MULHER"? POR QUE ESSA RUPTURA DO "MULHERES-ENTRE-ELAS"?

O significado desse gesto em relação aos movimentos de liberação da mulher? Digamos que, à primeira vista, isso possa passar por uma ruptura, como você diz. Diríamos, então, que o fato empírico de permanecer sempre entre mulheres seria necessário, mesmo suficiente, para estar politicamente do lado da "liberação das mulheres"... E não seria ainda manter uma lógica idealista colocar a alternativa nestes termos: ou, ao lado dos homens, as mulheres não serão mais do que objetos, imagens, ideias, de um sensível que por/para eles é apropriado, ou então – mas esse "ou então" não corre o risco de, finalmente, voltar ao mesmo? – as mulheres permanecem entre elas. O que não quer dizer que elas não tenham a necessidade de fazer isso. Principalmente como uma tática política. As mulheres – interesse de propriedade privada, da apropriação por/pelo discurso – sempre foram colocadas na posição de rivalidade de umas contra as outras. Portanto, em vista da eficácia de suas lutas, elas tiveram que constituir um lugar para estarem "entre elas". Lugar de "tomada de consciência" individual e coletiva da opressão específica das mulheres, lugar de "reconhecimento" possível do desejo das mulheres de umas por/pelas outras, lugar de seu reagrupamento. Mas, para mim, esse lugar correria o risco de tornar-se uma utopia de reviravolta histórica, um sonho de reapropriação, por parte das mulheres, do poder – particularmente fálico –, se ele se fechasse sobre o círculo de suas reivindicações e mesmo de seus desejos. O que, aliás, imitaria a sociedade dos homens entre si, permanecendo as mulheres, uma vez mais, na função que lhes é atribuída. A não ser que essas mulheres possam dispensar os homens para elaborar a sua sociedade?

A "ruptura" da qual você fala – e que, para mim, não é uma ruptura – parece, portanto, também taticamente necessária, por ao menos dois motivos: 1. As mulheres não podem trabalhar a questão de sua opressão sem a análise e mesmo sem a experiência prática das instituições, instituições comandadas pelos homens. 2. O que põe uma questão – fundamental? – para o feminino, daí a necessidade e a eficácia de se tomar as coisas sob esse aspecto é o funcionamento da lógica discursiva. E, por exemplo, nas suas oposições, e cisões, entre empírica e transcendental, sensível e inteligível, matéria e ideia, etc. Essa estrutura hierárquica sempre colocou o feminino em posição de inferioridade, de exploração, de exclusão, em relação à linguagem. Mas, ao mesmo tempo – se posso assim falar... ela consagrava o caráter impraticável da relação sexual. Por essa relação se resume a "autoafeição" do homem mediada pelo feminino, que é apropriado pela linguagem dele. A recíproca não é "verdadeira". É, portanto, sobre esse caráter "próprio" da linguagem que é preciso se voltar. Para analisá-lo não somente em seu duplo movimento de apropriação/desapropriação em relação ao único sujeito masculino mas também no que ele permanece mudo e privado de possibilidade de "autoafeição", de "autorrepresentação", para o feminino. Se, aos homens entre eles próprios, a única resposta é a das mulheres entre elas, o que subentende o funcionamento da lógica da presença, do ser, da propriedade – o que mantém o apagamento da diferença dos sexos –, é muito provável que esta se perpetue e mesmo ganhe força. Em vez de manter a oposição entre masculino e feminino, seria conveniente encontrar uma possibilidade de articulação *não hierárquica* dessa diferença na linguagem. Daí o que você chama de ruptura das "mulheres entre elas mesmas", essa ruptura sendo totalmente necessária também para o que se refere aos "homens entre eles", ainda que esta última seja mais difícil de ser obtida, já que esse estado das coisas subjaz as formas atuais de seu poder.

... NÃO SE PODE DEIXAR DE CHEGAR PELO MENOS A ISTO: QUE A SUA PRIMEIRA PREOCUPAÇÃO É EVITAR UMA POSIÇÃO INGÊNUA SOBRE A "QUESTÃO DA MULHER". OU SEJA, POR EXEMPLO, UMA INVERSÃO PURA E SIMPLES DA POSIÇÃO MASCULINA SOBRE A QUESTÃO (UMA REVERSÃO PURA E SIMPLES DO "FALOGOCENTRISMO", ETC.).

Já me parece ter "respondido", realmente, a essa questão. Respondendo às perguntas anteriores e escrevendo *Speculum*. Que não é evidentemente um livro *sobre* a mulher, e muito menos, por mais que se possa pensar, um projeto fruto da esperança de inversão dos valores: um "ginecocentrismo refletido", um "lugar de monopolização do simbólico", em benefício de uma mulher, ou de mulheres. Uma ingenuidade que esquece que, de um lugar feminino, nada pode ser articulado sem o questionamento do simbólico em si. Mas, dessa inversão, não se sai assim tão facilmente. Em particular, não se sai por acreditar que se possa dispensar a economia da interpretação rigorosa do falogocratismo. Não há um salto simples a ser executado para fora dele, e *nem possibilidade de se situar nele, pelo simples fato de se ser mulher*. E se eu tentei em *Speculum* reatravessar o imaginário "masculino", isto é, o nosso imaginário cultural, foi porque esse movimento se impunha tanto para demarcar o "fora" possível desse imaginário quanto para me situar em relação a ele como mulher: estando ao mesmo tempo incluída nele e às vezes excedendo seus limites. Mas é claro que vejo esse excesso como a possibilidade da relação sexual, e não de uma reversão do poder fálico. E desse excesso, antes de mais nada, eu rio. Primeira liberação de uma opressão secular? *O fálico não é o sério do sentido?* A mulher e a relação sexual não o superam "primeiro" pelo riso?

Entre elas, aliás, as mulheres começam a rir. Escapar à inversão pura e simples da posição masculina é, em todo caso, não se esquecer de rir. Não esquecer que a dimensão do desejo, do prazer, é intraduzível, irrepresentável, insustentável, no "sério" – a adequação, a univocidade, a verdade... – de um discurso que pretende estabelecer o sentido. Seja ele produzido por homens, seja por mulheres. O que não é afirmar que seja preciso desistir e dizer qualquer coisa, mas que o *verdadeiro dizer constitui o interdito do gozo da mulher, e portanto, da relação sexual*. Recuperar-se disso, da potência no poder legiferante do discurso. É aliás nisso que se situa, atualmente, o ponto mais virulento da opressão da mulher: os homens querem reter a iniciativa do discurso sobre o gozo e também, portanto, sobre o gozo *da mulher*.

☆ ☆ ☆

QUESTÃO III*

VOCÊ PODE DIZER ALGUMA COISA SOBRE O SEU TRABALHO EM RELAÇÃO AO MOVIMENTO DE LIBERAÇÃO DAS MULHERES?

---

* Pergunta formulada por Hans Reitzels Forlag e Fredrik Engelstad em uma entrevista publicada pelas edições Pax, em Oslo. (N. A.)

Antes de tentar responder, eu gostaria de esclarecer duas coisas:

– a primeira é que eu não posso dizer o que acontece no movimento de libertação. Admitamos, mesmo que eu queira responder à sua pergunta, o que acontece no movimento de libertação das mulheres não pode simplesmente ser passado por alto, descrito, relatado "de fora".

– a segunda, é que eu prefiro falar, no plural, *dos* movimentos de libertação das mulheres. De fato, os grupos e as tendências nas lutas das mulheres são múltiplos hoje em dia, e reduzi-los a um único movimento envolve o risco de trazer à tona fenômenos de hierarquização, de reivindicações de ortodoxia, etc.

Voltando ao meu trabalho: eu tento, como já indiquei, reatravessar o imaginário masculino e interpretar como ele nos reduziu ao silêncio, ao mutismo, ou ao mimetismo, e também busco, a partir disso e ao mesmo tempo, (re)encontrar um espaço possível para o imaginário feminino.

Mas esse não é evidentemente um trabalho simplesmente "individual". Uma longa história colocou todas as mulheres na mesma condição sexual, social e cultural. Sejam quais forem as desigualdades existentes entre as mulheres, todas elas sofrem, mesmo sem perceber isso claramente, a mesma opressão, a mesma exploração do seu corpo, a mesma negação do seu desejo.

É por esse motivo que é tão importante que as mulheres possam se reunir, e se reunir "entre elas". Para começarem a escapar dos lugares, dos papéis, dos gestos que lhes foram atribuídos e ensinados pela sociedade dos homens. Para que se amem entre elas, apesar de os homens terem *de fato* organizado a rivalidade entre elas. Para descobrirem uma outra forma de "sociabilidade", diferente da que lhes foi sempre imposta.

O primeiro alvo dos movimentos de liberação é fazer com que cada mulher se conscientize de que o que ela tem sentido na sua experiência pessoal é uma condição compartilhada por todas as mulheres, o que permite *politizar essa experiência*.

Mas o que quer dizer, aqui, "política"? Não existe ainda uma "política das mulheres", pelo menos em sentido amplo. E, se passar a existir em um dia próximo, ela será muito diferente da política instituída pelos homens. Pois as questões levantadas pela exploração do corpo das mulheres excedem o que está em jogo, os esquemas e, é claro, os "partidos" da política conhecida e praticada até hoje. O que não impede, evidentemente, que os partidos políticos queiram "recuperar" essa questão das mulheres, concedendo-lhes um lugar em suas fileiras, tendo em vista alinhá-las – mais uma vez... – a seus "programas", nos quais, na maior parte do tempo, elas não têm o que fazer, já que tais programas não levam em consideração a *exploração específica* da mulher. Realmente, a exploração das mulheres não constitui uma questão *limitada,* no interior da política, que seria concernente somente a um "grupo" da população ou a uma "parte" do "corpo" social. Quando as mulheres querem se livrar da exploração, não destroem somente alguns "preconceitos", elas desarranjam toda a ordem dos valores dominantes: econômicos, sociais, morais, sexuais. Elas colocam em questão toda teoria, todo pensamento, toda linguagem existente, na medida em que são monopolizados pelos homens. Elas interpelam *o próprio fundamento de nossa ordem social e cultural,* cuja organização foi prescrita pelo sistema patriarcal.

O fundamento patriarcal de nossa sociedade foi de fato negligenciado pela política de hoje, mesmo pela que se diz "de esquerda". Até o presente, inclusive *o marxismo levou muito pouco em conta os problemas da exploração específica das mulheres, e as lutas femininas, mais frequentemente, parecem perturbar os marxistas.* Apesar de essas lutas poderem ser interpretadas com a ajuda dos esquemas de análise da exploração social cujos programas políticos precisamente reivindicam. Sob a condição, porém, de se utilizar de modo diferente esses esquemas. Mas nenhuma política interrogou, até o presente momento, qual a sua própria relação com o poder falocrático...

Concretamente, isso quer dizer que as mulheres devem, certamente, continuar a lutar pela igualdade de salários, por direitos sociais, contra a discriminação nos empregos, nos estudos, etc. Mas isso não é suficiente: as mulheres simplesmente "iguais" aos homens seriam "como eles"; portanto, não seriam mulheres. Uma vez mais a diferença dos sexos seria assim anulada, desconhecida, encoberta. É preciso, portanto, inventar, entre mulheres, novos modos de organização, novas formas de lutas, novas contestações. Os diversos movimentos de libertação já começaram a fazer isso, e já uma "internacional" de mulheres começa a tomar forma. Mas aqui, também, é preciso inovar: a instituição, a hierarquia, a autoridade – isto é, as formas existentes do político – são temas dos homens. Não são nossos.

Isso explica certas dificuldades encontradas pelos movimentos de libertação. Se as mulheres caem na armadilha do poder, no jogo da autoridade, se elas se deixam contaminar pelo funcionamento "paranoico" da política masculina, elas não têm nada mais a dizer nem a fazer *como mulheres*. É por esse motivo que hoje, na França, uma das tarefas é reagrupar as diversas tendências do movimento ao redor de um certo número de temas e de ações específicas e precisas: o estupro, o aborto, a contestação do privilégio do nome do pai em caso de decisão jurídica para se saber "a quem pertencem" os filhos, a participação de pleno direito das mulheres nas decisões e no exercício legislativo, etc. Tudo isso não deveria nunca mascarar o fato de que é para que a sua diferença possa vir à luz que as mulheres estão reivindicando seus direitos.

De minha parte, eu me recuso a me deixar encerrar em um único "grupo" dos movimentos de libertação das mulheres. Sobretudo se ele se enreda na armadilha do exercício do poder, se ele pretende determinar a "verdade" do feminino, legiferar sobre o que é "ser mulher" e acusar as mulheres que teriam objetivos imediatos diferentes dos seus. Acho que o mais importante é fazer aparecer a exploração comum a todas as mulheres e encontrar as lutas que convêm a cada uma delas, no lugar onde elas estiverem: dependendo de sua nacionalidade, de seu ofício, de sua classe social, de sua experiência sexual, isto é, da forma de opressão que lhe é mais imediatamente insuportável.

☆ ☆ ☆

QUESTÃO IV*

QUAL É O SEU PROJETO DE ENSINO?

Para apresentar o propósito deste trabalho, retomarei a figura de Antígona: em Sófocles, em Hölderlin, em Hegel, em Brecht. Tentarei analisar o que suporta – alicerça – Antígona em relação ao funcionamento da lei. Como ela evidencia, defrontando-se com o discurso que estabelece a lei, esse alicerçamento subterrâneo que ela preserva, essa outra "face" do discurso que provoca uma crise quando aparece à luz do dia. Daí seu reenvio à morte, seu "enterro" no esquecimento, o recalcamento – a censura? – dos valores que ela representa para a Cidade: a relação com o "divino", com o inconsciente, com o sangue vermelho (que deve alimentar a semelhança, mas sem deixar nela nenhuma mancha).

---

* Essa questão não habitualmente foi dirigida aos professores pelo "Departamento de Psicanálise" da Universidade de Vincennes, antes de sua "remodelação", no outono de 1974. Uma comissão de três membros designados por J. Lacan me escreveu dizendo que esse projeto "não pôde ser aprovado", sem mais explicações. Eu lecionava naquele departamento desde a criação da Universidade de Vincennes, mas fui então suspensa de minha função. Esta explicação não seria necessária se uma versão contrária aos fatos não tivesse circulado tanto na França como no exterior. (N. A.)

Por que, portanto, o veredito do Rei, da Cidade, do Saber, da discursividade – mas também dos seus irmãos, das suas irmãs – foi sempre o de a condenar à morte para garantir o poder que tinham? Deveremos ver nessa sanção os efeitos de uma época histórica? Ou *as necessidades que constituem a racionalidade?* A respeito do que estas causam problema, provocando mesmo uma crise?

Qual é a posição do discurso psicanalítico sobre essa questão, essa crise? Se permite interpretar mais rigorosamente o que está em jogo, *concede ele um outro status ao desejo feminino?* Uma outra linguagem da mulher, diferente da linguagem histérica, esta que serve de matéria para a especulação?

Essas questões guiarão uma releitura do discurso psicanalítico sobre a sexualidade feminina, e mais ainda sobre a diferença dos sexos e sua articulação na linguagem.

O que poderia ainda ser proposto sob esta forma: o discurso da psicanálise executa uma repetição-interpretação da função historicamente alocada à mulher. Seria preciso, de fato, um discurso que retomasse como propósito a própria sexualidade para que o que serviu como condição de possibilidade do discurso filosófico, da racionalidade em geral, possa se fazer ouvir.

Se, além do mais e simultaneamente, levarmos em conta *os aportes da ciência da linguagem* – mas também suas aporias –, seremos reconduzidos ao problema da enunciação na produção do discurso. Ao que este último diz do inconsciente, mas também à questão: *o que se dá com os efeitos de sexuação sobre o discurso?* Ou seja: *a diferença sexual é marcada no funcionamento da linguagem, e como?* Trata-se, portanto, de questionar os textos do discurso psicanalítico para ler o que eles enunciam – e como? – sobre a sexualidade feminina, e mais ainda sobre a diferença sexual.

Essa leitura é ainda uma releitura interpretante do discurso filosófico, baseada em fatores como inconsciente e sua economia. Mas como este discurso já decretou as leis da ordem do discurso, impõe-se agora fazer uma revisão de seus momentos decisivos e do *status* transmitido ao feminino na sistematicidade discursiva *para que a interpretação psicanalítica não recaia sob as normas da discursividade filosófica*. Principalmente quanto à função que é aí assumida pelo "outro" – em termos gerais, o feminino. Seu problema é este: como separar o outro – mulher – do outro do mesmo?

A filosofia, como discurso dos discursos, também regulamentou – em boa parte – o discurso da ciência. Desse ponto de vista, *o atraso histórico de uma matematização dos fluidos em relação à dos sólidos* conduz ao mesmo tipo de problema: por que a mecânica dos sólidos prevaleceu sobre a dos fluidos, e qual a cumplicidade que essa ordem de coisas mantém com a racionalidade? (cf. "A 'mecânica' dos fluidos")

O que essa racionalidade dominante faz da mulher? Somente "amulher", "a mulher não existe" (Jacques Lacan). É isso o que pode claramente ser ouvido do discurso psicanalítico.

O MERCADO
DAS MULHERES

8

A sociedade que conhecemos, a cultura que é a nossa, está baseada na troca das mulheres. Sem a troca de mulheres, recairíamos – por assim dizer – na anarquia (?) do mundo natural, no aleatório (?) do reino animal. Portanto, o que assegura a passagem à ordem social, à ordem simbólica, à ordem, simplesmente, é o fato de os homens, ou de grupos de homens, fazerem circular as mulheres entre eles: regra conhecida sob o nome de proibição do incesto.

Seja qual for a forma familiar que essa proibição possa assumir em um determinado estado da sociedade, o seu significado é de um impacto bem mais amplo. Ela assegura o fundamento da ordem econômica, social, cultural, que é a nossa há séculos.

Por que trocar as mulheres? Por serem "*commodities* rarefeitas e essenciais à vida do grupo", afirma o antropólogo. Por que esse caráter de rarefação, dado o equilíbrio biológico entre os nascimentos de homens e de mulheres? Porque a "tendência poligâmica profunda, que existe em todos os homens, faz sempre parecer insuficiente o número de mulheres disponíveis. E, mesmo se as mulheres forem numericamente equivalentes aos homens, elas todas não são igualmente desejáveis, e, por definição, as mulheres desejáveis são uma minoria" (Lévi-Strauss, *Estruturas elementares de parentesco*). Os homens são todos igualmente desejáveis? As mulheres não têm nenhuma tendência à poligamia? Perguntas não levantadas pelo antropólogo honesto. *A fortiori*: por que os homens não constituem objetos de troca entre as mulheres? É que os corpos das mulheres asseguram – pelo seu uso, pelo seu consumo, pela sua circulação – a condição de possibilidade da socialização e da cultura, mas que permanecem como uma "infraestrutura" pouco conhecida da elaboração da vida social e da cultura. A exploração da matéria sexuada feminina é tão constitutiva de nosso horizonte sociocultural que não pode ser interpretada a não ser no interior desse horizonte.

Dito ainda de outra forma: todos os sistemas de trocas que organizam as sociedades patriarcais, e todas as modalidades de trabalho produtivo que são reconhecidas, valorizadas, remuneradas nessas sociedades, são negócios de homens. Mulheres, signos, mercadorias são sempre remetidos ao homem (quando um homem compra uma mulher, é ao pai dela ou ao irmão que ele "paga", e não à mãe...), e eles passam sempre de um homem a outro homem, de um grupo de homens a outro grupo de homens. A força de trabalho é, portanto, suposta sempre como masculina, e os "produtos" são objeto de uso e de transação somente entre homens.

O que significa que a possibilidade de nossa vida social, de nossa cultura, se reduz a um monopólio hom(m)osexual? A lei que ordena a nossa sociedade é a valorização exclusiva das necessidades-desejos dos homens, e das trocas feitas entre eles. O que o antropólogo designa como a passagem da natureza à cultura eleva-se, portanto, à instauração do império da hom(m)osexualidade. Não em uma prática "imediata", mas em sua mediação "social". Desde então, as sociedades patriarcais poderiam ser interpretadas como sociedades que funcionam ao modo do "semblante". Ao valor das relações de (re)produção material, natural, e corporal, elas sobrepõem e mesmo substituem o valor das produções simbólicas e imaginárias.

Nessa nova matriz da História, na qual o homem engendra o homem como seu semelhante, a mulher, a filha, a irmã só têm valor enquanto servem como possibilidade de relações entre homens, em benefício deles. O uso e o comércio de mulheres subentendem e sustentam o reino da hom(m)osexualidade masculina, mantém-na esta em especulações, jogos de espelhos, identificação, apropriações de rivalidade mais ou menos intensas, que diferenciam a sua prática real. Reinante em todos os lugares, mas interdita em seu uso, a hom(m)osexualidade se manifesta por meio dos corpos das mulheres, matéria ou signo, e a heterossexualidade não é, até o presente momento, senão um álibi para o bom desenvolvimento das relações do homem consigo próprio, para as relações entre homens. Tal "endogamia sociocultural" exclui a participação desse outro, tão estranho à ordem social: a mulher. A exogamia exige sem dúvida que se saia de sua família, de sua tribo, de seu clã, para realizar alianças. Mas ela não tolera o casamento com populações demasiado distantes, exteriores demais às regras culturais em vigor. Uma endogamia sociocultural proibiria, portanto, o comércio *com* as mulheres. Os homens fazem comércio das mulheres, mas sem estabelecer trocas *com* elas. Pelo fato de a exogamia representar um interesse econômico, será que poderia mesmo subentender a economia como tal? A troca de mulheres enquanto bens acompanha e estimula as trocas de outras "riquezas" entre os grupos de homens. A economia, no sentido restrito e generalizado, praticada nas nossas sociedades, exige, portanto, que as mulheres se prestem à alienação no consumo, e às trocas, sem participação nelas, e que os homens sejam isentos de serem objetos de uso e de circularem como mercadorias.

☆ ☆ ☆

A análise que Marx faz da mercadoria como forma elementar da riqueza capitalista pode, portanto, ser entendida como uma interpretação do *status* da mulher nas sociedades ditas patriarcais. Sua organização e o trabalho do simbólico que a fundamenta – cujo instrumento e representante é o nome próprio: do pai, de Deus – contêm, em germe, os desenvolvimentos que Marx define como característicos de um regime capitalista: submissão da "natureza" a um "trabalho" do homem, que constitui assim a natureza como valor de uso e de troca; divisão do trabalho entre produtores-proprietários privados que trocariam entre si suas mulheres-mercadorias, mas também entre produtores e exploradores ou explorados da ordem social; classificação das mulheres segundo nomes próprios que determinam suas equivalências; tendência a acumular as riquezas, ou seja, os representantes dos nomes mais "próprios" – os chefes – a capitalizar mais mulheres do que os outros; progressão do trabalho social do simbólico em vista de uma abstração cada vez maior; etc.

Certamente, os meios de produção evoluíram, as técnicas se desenvolveram, mas parece que, desde que o homem-pai foi assegurado de seu poder reprodutor e marcou com seu nome os seus produtos – ou seja, desde as origens da propriedade privada e da família patriarcal –, a exploração social teve lugar. Em outros termos, todos os regimes sociais da "História" funcionam a partir da exploração de uma "classe" de produtores: as mulheres, cujo valor de uso reprodutivo (de filhos e de força de trabalho) e cuja constituição em valor de troca asseguram a ordem simbólica como tal, sem que por esse "trabalho" elas sejam, nessa moeda, recompensadas, o que implicaria um duplo sistema de trocas, ou seja, uma implosão da monopolização do nome próprio (e do que ela significa como poder de apropriação) pelos homens-pais.

Haverá, portanto, uma repartição do corpo social em sujeitos produtores não funcionando mais como mercadorias, pelo fato de proverem a medida do valor destas mercadorias, e em objetos-mercadorias, assegurando a circulação das trocas sem participar delas como sujeitos.

☆ ☆ ☆

Da análise do valor feita por Marx, retomaremos aqui alguns pontos* que parecem descrever o *status* social das mulheres.

A riqueza consiste em que o uso das coisas seja relegado ao benefício de sua acumulação. Então, *o uso das mulheres seria menos importante do que o seu número?* Possuir uma mulher é certamente indispensável ao homem pelo valor de uso reprodutivo que ela representa, mas o seu desejo é possuir todas as mulheres. De "acumulá-las" todas, enumerando suas conquistas, seduções, posses, ao mesmo tempo de modo sequencial e cumulativo: classificando-as.

Todas, menos uma? Pois, se pudéssemos fechar a sua série, o valor – como escreve Marx – correria o risco de estar na relação entre elas em vez de estar na relação sob um padrão que permanece exterior a elas. Ouro ou o falo.

O uso das mulheres tem, portanto, menor valor do que a sua apropriação uma a uma. E sua "utilidade" não é o que mais conta. As "propriedades" do corpo das mulheres não são o que determina o seu preço – mas constituem, apesar disso, o suporte *material* desse preço.

Deve-se, porém, fazer *abstração* desse corpo, quando são feitas as trocas de mulheres. Não é em função de um valor intrínseco, imanente à mercadoria, que essa operação pode ter lugar. Ela só é possível em uma relação de igualdade de dois objetos – de duas mulheres –, com um

---

* Estas notas anunciam pontos que serão desenvolvidos em um texto futuro. Todas as citações são extraídas de O *capital*, seção 1, cap. 1. Objetar-se-á que essa interpretação é de caráter analógico? Aceito a questão, contanto que ela seja também, e antes de mais nada, endereçada à análise feita por Marx da mercadoria. Aristóteles, "um gigante do pensamento", segundo Marx, não determinava a relação da forma à matéria por analogia à relação entre o masculino e o feminino? Voltar à questão da diferença dos sexos equivaleria antes, portanto, a reatravessar o analogismo. (N. A.)

terceiro termo que não seja nem de um nem do outro. Não é, portanto, como "mulheres" que elas são trocadas, mas como mulheres reduzidas a algum fator que lhes seria comum – a sua cota em ouro, ou o falo –, e do qual elas representariam um *mais* ou um *menos*. Mas não um *mais* ou um *menos* de qualidades femininas, evidentemente. Sendo estas eventualmente abandonadas às necessidades do consumidor, *a mulher vale, no mercado, em função de uma única qualidade: a de ser um produto do "trabalho" do homem.*

A esse título, cada uma se parece exatamente com a outra. Todas elas têm a mesma realidade fantasística. Metamorfoseadas em idênticas *sublimações,* amostras do mesmo trabalho indistinto, todos esses objetos não manifestam mais do que uma única coisa: que em sua produção foi dispendida uma força de trabalho humano, que o trabalho foi acumulado nelas. Na qualidade de cristais dessa substância social comum, as mulheres são reputadas como valor.

Como mercadorias, as mulheres são, portanto, duas coisas ao mesmo tempo: objetos de utilidade e portadoras de valor. "Elas só podem, portanto, entrar em circulação à medida que se apresentem sob uma forma dupla, a de natureza e a de valor."

Mas "a realidade do valor da mercadoria difere a esse respeito da amiga de Falstaff, a viúva Eveillé, que não se sabe por onde pegá-la". *A mulher, objeto de troca, difere da mulher, valor de uso, no que não se sabe por onde tomá-la,* pois, "por um dos contrastes mais gritantes, com a crueza do corpo da mercadoria, não há um só átomo de matéria que penetre no seu valor. Portanto, pode-se virar e revirar à vontade uma mercadoria escolhida que, enquanto objeto de valor, ela permanecerá inatingível". O valor de uma mulher sempre escapa: continente negro, buraco no simbólico, falha no discurso... Somente na operação de troca entre mulheres é que algo – enigmático, certamente – pode ser pressentido. *A mulher, portanto, tem valor somente no que ela pode ser trocada.*

Na passagem de uma à outra, existe enfim outra coisa além da eventual utilildade da "crueza do seu corpo". Mas esse valor não se encontra, não se reencontra, nela.

É somente a sua classificação em relação a um terceiro termo que lhe permanece exterior, e que torna possível ser comparada a uma outra mulher, o que permite ter uma relação com uma outra mercadoria em função de uma equivalência que permanece, para uma e para outra, estranha.

As mulheres-mercadorias são, portanto, submetidas a uma cisão (schize) que as separa em categorias de utilidade e valor de troca; em corpo-matéria e envelope precioso, mas impenetrável, inatingível, e não suscetível de ser apropriado por elas; em uso privado e uso social.

Para ter um *valor relativo*, uma mercadoria deve ser confrontada com outra mercadoria que serve como seu equivalente. Seu valor não se descobre jamais nela própria. E o fato de ela valer mais ou menos não depende dela própria, mas daquilo a que ela pode se equivaler. Seu valor lhe é *transcendente, sobrenatural, ek-stático.*

Em outras palavras, não há, para a mercadoria, um espelho que a redobre, nela e no seu reflexo "próprio". A mercadoria não se espelha em uma outra, como acontece com o homem e seu semelhante. Pois, tratando-se de mercadorias, o refletido não é "próprio de si", não é, em nada, suas propriedades, suas qualidades, "sua pele e seus pelos". Esse "mesmo" não é senão uma medida que exprime o caráter *fabricado* da mercadoria. A sua trans-formação pelo "trabalho" (social, simbólico) do homem. O espelho que envelopa e congela a mercadoria especulariza, especula (sobre) o "trabalho" do homem. *As mercadorias, as mulheres são um espelho de valor do e para o homem.* Para isso, elas lhe abandonam seu corpo como suporte material de especularização e especulação. Elas lhe abandonam seu valor natural e social, como *locus* de impressões, marcas, e de miragem de sua atividade.

Entre elas próprias, as mercadorias não são, portanto, nem iguais, nem semelhantes, nem diferentes. Elas não se tornam assim a não ser que sejam classificadas para e pelo homem. E *a prosopopeia da relação das mercadorias entre si é uma projeção* pela qual os produtores-trocadores lhes fazem reencenar diante deles suas operações de especula(riza)ção. O que é esquecer que para (se) refletir, (se) especular, é preciso ser "sujeito", e que a matéria pode servir de suporte de especulação, mas não pode absolutamente se especular.

Assim, desde a mais simples relação de equivalência entre mercadorias – a partir da troca possível das mulheres –, todo o enigma da forma moeda – da função fálica – está em germe. Ou seja, a apropriação-desapropriação pelo homem, para o homem, da natureza e de suas forças produtoras, na medida em que um certo espelho agora divide, traveste tanto a natureza como o trabalho. As mercadorias produzidas pelo homem são dotadas, para ele, de um narcisismo que borra a seriedade da utilidade, do uso. O desejo, enquanto houver troca, "perverte" a necessidade. Mas esta perversão será atribuída às mercadorias e às relações alegadas. Enquanto elas não podem ter tais relações a não ser sob a ótica de terceiros especuladores.

A economia da troca – do desejo – é um negócio de homens. Por uma razão dupla: a troca acontece entre sujeitos masculinos; a troca exige um *a-mais* adicionado ao corpo da mercadoria, a-mais que lhe dá uma forma valorosa. Esse a-mais, ela o encontraria – escreve Marx – em uma outra mercadoria, cujo valor de uso se tornaria, desde então, um padrão de valor.

Mas esse "a-mais" do qual gozaria uma das mercadorias poderia variar: "assim como o personagem mais importante, vestido de um uniforme cheio de galões, torna-se totalmente insignificante se lhe faltarem justamente os galões", ou ainda "que o particular A não saiba representar 'sua majestade' para o indivíduo B sem que a majestade, aos olhos de B, assuma imediatamente tanto a figura quanto o corpo de A; é por esse motivo, provavelmente, que ela muda com cada novo pai do povo, de rosto, de cabelos e de muita coisa". As mercadorias – "coisas" produzidas – teriam, portanto, o respeito dos galões do uniforme, da majestade, da autoridade paterna. E ainda: de Deus. "Sua propriedade de valor se faz manifestar em sua igualdade com a roupa, assim como a natureza de ovelha do cristão aparece em sua semelhança com o cordeiro de Deus."

A mercadoria, portanto, tem o culto do pai, e ela nunca cessa de assemelhar-se a ele, de imitá-lo, pois ele é o lugar-tenente. É dessa semelhança, da imitação do que represente a autoridade paterna, que a mercadoria tira seu valor – para os homens. Mas é às mercadorias que os produtores-trocadores imporão esse jogo forçado. "Como se pode ver, tudo o que a análise do valor nos havia revelado antes nos é dito pelo próprio tecido, desde que ele entra na sociedade com uma outra mercadoria, a roupa. A única coisa é que ele não trai seus pensamentos senão na linguagem que lhe é familiar, a linguagem das mercadorias. Para exprimir que o seu valor vem do trabalho humano, em sua propriedade abstrata, o tecido diz que a roupa, valendo tanto quanto ela, isto é, como valor, compõe-se do mesmo trabalho que o do tecido. Para exprimir que sua realidade sublime, como valor, é distinta de seu corpo rígido e filamentoso, ele diz que o valor tem o aspecto de uma roupa, e que, por conseguinte, ele próprio, como uma coisa valorizada, parece-se com a roupa da mesma forma que um ovo se parece com outro. Lembramos, de passagem, que a língua das mercadorias possui, além do hebraico, muitos outros dialetos mais ou menos corretos. A palavra alemã *Wertsein*, por exemplo, exprime de forma menos evidente que o verbo românico *valere, valer,* e o francês *valoir,* que a afirmação da equivalência da mercadoria B com a mercadoria A é a expressão própria do valor desta última. Paris vale bem uma missa."

Portanto, as mercadorias falariam. Certamente, principalmente dialetos e patoás, linguagens pouco compreensíveis para os "sujeitos". O importante é que elas se preocupariam com seus respectivos valores, ou seja, que os seus propósitos confirmariam os projetos dos trocadores a respeito delas.

O corpo de uma mercadoria se tornaria, portanto, para outra mercadoria, um outro espelho de seu valor. Com a condição de um *a-mais* de corpo. Um a-mais *contrário* ao valor de uso, um a-mais que representa uma qualidade *sobre-natural* da mercadoria – uma marca de natureza puramente social – , um a-mais completamente diferente do seu próprio corpo, e de suas propriedades, um a-mais que não existe ainda senão com a condição de que uma mercadoria aceite se relacionar com uma outra considerada como equivalente: "Assim, um homem não é rei senão porque outros homens se consideram sujeitos a ele e agem em consequência disso".

Esse a-mais da equivalência traduz em trabalho abstrato o que é trabalho concreto. Em outros termos, para poder se incorporar a um espelho de valor, é preciso que o trabalho não reflita a si próprio, mas somente sua propriedade de trabalho humano: que o corpo de uma mercadoria não seja mais do que a materialização de um trabalho humano abstrato. Isto é, que ela não tenha mais corpo, matéria, natureza, mas que seja objetivação, cristalização em objeto visível, da atividade do homem.

Para se tornar equivalente, a mercadoria muda de corpo. À sua origem material substitui-se uma origem sobre-natural, meta-física. Assim, seu corpo se torna um corpo transparente, *pura fenomenalidade do valor.* Mas essa transparência constitui um a-mais à opacidade material da mercadoria.

Mais uma vez, existe uma cisão (*schize*) entre as duas. Dupla face, duplo polo, a natureza e o social são divididos, tal como o sensível e o inteligível, a matéria e a forma, o empírico e o transcendental... A mercadoria, tal como o signo, sofre de dicotomias metafísicas. Seu valor, sua verdade, é o social. Mas esse social é adicionado à sua natureza, à sua matéria, e ele a subordina como valor menor, isto é, como não valor. A participação no social exige que o corpo se submeta a uma especularização, a uma especulação que o transforme em objeto portador de valor, em signo padronizado, em significante intercambiável, em "semblante" referido a um modelo que estabelece autoridade. *A mercadoria – a mulher – é dividida em dois "corpos" irreconciliáveis:* seu corpo "natural" e seu corpo valoroso socialmente, suscetível de ser trocado: expressão (principalmente mimética) dos valores masculinos. Sem dúvida esses valores exprimem também a "natureza", ou seja, o gasto da força psíquica. Mas esta – essencialmente masculina, aliás – serve para a fabricação, para a transformação, para a tecnicização das produções naturais. E é essa propriedade *sobre*-natural que vai constituir o valor do produto. Analisando assim o valor, Marx revela o caráter meta--físico do funcionamento social.

A mercadoria é, portanto, uma coisa dupla, uma vez que o seu valor possui uma forma fenomenal própria, distinta de sua forma natural: a do valor de troca. E ela nunca possui essa forma se for considerada isoladamente. Essa forma fenomenal acrescentada à sua natureza, a mercadoria só obtém em relação a uma outra.

Como entre signos, o valor não aparece se não for colocado em relação. Acontece que esse estabelecimento de relação não pode ser realizado por elas próprias, mas depende da operação de dois trocadores. O valor de troca de dois signos, duas mercadorias, duas mulheres, é uma representação das necessidades-desejos de sujeitos consumidores-trocadores: ela não é de maneira alguma "própria". No limite, as mercadorias – ou melhor, a relação entre elas – são o álibi material do desejo de relações entre homens. Para fazer isso, as mercadorias são desapropriadas de seu corpo e revestidas de uma forma que as torne apropriadas à troca entre homens.

Mas, nessa forma valorosa, o desejo dessa troca e o reflexo do seu próprio valor, assim como o de seu semelhante, que o homem persegue, são ek-stasiados. Nessa suspensão na mercadoria da relação entre homens, alienam-se os sujeitos produtores-consumidores-trocadores.

Para "suportar" e manter essa alienação, as mercadorias têm sempre sido despossuídas de seu valor específico. Em relação a isso, pode-se afirmar que o valor das mercadorias reveste *indiferentemente* toda forma particular de valor de uso. De fato, seu preço não lhe vem mais de *sua* forma natural, de *seu corpo*, de *sua* linguagem, mas do que elas refletem da necessidade-desejo das trocas entre homens. Para fazer isso, a mercadoria não pode evidentemente existir sozinha, mas também não haverá mais "mercadoria" se não existirem *ao menos dois homens* para trocá-las. Para que um produto – uma mulher? – tenha valor, é preciso que dois homens, pelo menos, invistam nela.

O equivalente geral das mercadorias não funciona mais, ele próprio, como mercadoria. Espelho eminente, transcendente ao mundo da mercadoria, ele assegura a possibilidade de troca universal entre elas. Cada uma pode se tornar equivalente a cada uma do ponto de vista desse padrão sublime, mas o fato de a avaliação de seu valor depender de algum elemento transcendental as torna, provisoriamente, incapazes de serem intercambiáveis entre si. Elas se trocam por meio de um equivalente geral – como os cristãos se amam em Deus, para retomar uma metáfora teológica cara a Marx.

Essa referência ek-stática as separa radicalmente uma da outra. *Um valor abstrato e universal as evade do uso e da troca entre si.* Elas são, de alguma maneira, transformadas em idealidades investidas de valor. Suas formas concretas, suas qualidades específicas, e todas as possibilidades de relações "reais" com elas ou entre elas são reduzidas em seu caráter comum de produtos do trabalho-desejo do homem.

É preciso enfatizar, também, que *o equivalente geral,* desde que não seja mais uma mercadoria, *não tem utilidade. O padrão, como tal, é eximido do uso.*

Embora a mercadoria pareça ser à primeira vista uma coisa trivial e que pode ser facilmente compreendida, ela é "pelo contrário, uma coisa muito complexa, cheia de sutilezas metafísicas e de argúcias teológicas". Sem dúvida, "enquanto valor de uso, não há nada nela de misterioso". "Mas, desde que ela se apresenta como mercadoria, a história é totalmente diferente. Sendo ao mesmo tempo capturável e não capturável, não lhe é suficiente colocar os pés no chão; ela se ergue, por assim dizer, sobre sua cabeça (de madeira) diante das outras mercadorias, e se entrega a caprichos mais bizarros do que se pretendesse dançar."

"O caráter místico da mercadoria não provém, portanto, de seu valor de uso. Ele não provém também dos caracteres que determinam seu valor. Por mais variados que possam ser os trabalhos úteis ou as atividades produtoras, é uma verdade fisiológica que são, antes de tudo, funções do organismo humano", o que, para Marx, não parece em nada constituir um mistério... O aporte e o suporte material dos corpos no funcionamento social não constituem uma questão para ele, a não ser enquanto produção e dispêndio de energia.

Daí provém, portanto, o caráter enigmático do produto do trabalho, na medida em que ele se reveste sob a forma de uma mercadoria? Evidentemente, provém dessa própria forma. *Daí provém, portanto, o caráter enigmático das mulheres?* Ou mesmo das supostas relações entre elas? Evidentemente, da "forma" das necessidades-desejos do homem, que elas fazem aparecer sem que eles a reconheçam. Sempre envelopada(s), velada(s).

Em todo caso, "a forma valor e a relação de valor dos produtos do trabalho não têm absolutamente nada a ver com sua natureza física. É somente uma relação social determinada dos homens entre si que reveste para eles a forma fantástica das coisas entre elas". *Esse fenômeno só tem analogia no mundo religioso.* "Nele, os produtos do cérebro humano têm o aspecto de seres independentes, dotados de corpos. O mesmo acontece com os produtos da mão do homem no mundo mercantil." Daí o fetichismo aderido a esses produtos do trabalho na medida em que eles se apresentam como mercadorias.

Daí o *caráter de objetos-fetiches das mulheres* visto que, nas trocas, elas são a manifestação e a circulação de um poder do Falo, estabelecendo relações dos homens entre si?

☆ ☆ ☆

Daí essas observações:

SOBRE O VALOR

Ele representa o equivalente a uma força de trabalho, a um dispêndio de energia, a um esforço. Para serem medidos, devem ser *abstraídos* de todas as qualidades imediatamente naturais, de todo indivíduo concreto. Um processo de generalização e de universalização se impõe no funcionamento das trocas sociais. Daí a redução do homem a um "conceito" – o da força de trabalho – e a de seu produto a um "objeto", correlato visível, material, desse conceito.

As características do "gozo" correspondendo a um tal estado social são, portanto: sua produtividade, mas forçosamente laboriosa, mesmo dolorosa; sua forma abstrata: sua necessidade-desejo de cristalizar em um elemento transcendental da riqueza o padrão de todo valor; sua necessidade de um suporte material no qual se meça a relação de apropriação a/de tal padrão; suas relações de trocas – sempre tingidas de rivalidade – entre os homens unicamente, etc.

Essas modalidades não são as que poderiam definir a economia da sexualidade (dita) masculina? E a libido não será um outro nome da abstração de "energia" em uma força produtora? Para o trabalho da natureza? Um outro nome para o desejo de acumular bens? Um outro nome para a subordinação das qualidades específicas dos corpos a uma potência – neutra? – que visa antes de mais nada transformá-las para possuí-las? O gozo, para a sexualidade masculina, consiste em outra coisa que a apropriação da natureza, no desejo de a fazer (re)produzir, e em trocas de (seus) produtos com os outros membros da sociedade? Gozo essencialmente *econômico*.

Daí esta pergunta: *quais necessidades-desejos da sexualidade (dita) masculina determinaram uma certa ordem social,* da sua forma primitiva, a propriedade privada, à sua forma desenvolvida, o capital? E também esta: *em que medida são essas* [necessidades-desejos] *o efeito de um funcionamento social,* em parte tornado autônomo, que os produz tais como são?

SOBRE O *STATUS* DAS MULHERES EM UMA TAL ORDEM SOCIAL

O que torna possível [essa ordem social], assegura o seu funcionamento, é, portanto, *a troca das mulheres*. É a circulação das mulheres entre os homens o que promove o funcionamento social, pelo menos o patriarcal. O que supõe: a apropriação da natureza pelo homem; sua transformação, seguindo os critérios "humanos", definidos unicamente pelos homens; sua submissão ao trabalho, à técnica; a redução de suas qualidades materiais, corporais, sensíveis, em valor abstrato de troca, e, além do mais, a redução de todo o mundo sensível à atividade prática concreta do homem; a igualdade das mulheres entre si, mas em função de leis de equivalência que lhes permanecem exteriores; a constituição das mulheres como "objetos" que figuram a materialização das relações entre homens, etc.

As mulheres representariam, portanto, um valor natural e um valor social. Seu "tornar-se" seria a passagem de um a outro. Mas, essa passagem jamais ocorre com facilidade.

Como mãe, a mulher permaneceria do lado da natureza (re)produtora e, por isso, a relação do homem com o "natural" não seria nunca completamente superada. Sua socialização, sua economia, sua sexualidade estariam sempre vinculadas ao trabalho da natureza: tais estruturas permaneceriam, portanto, sempre no nível da primeira apropriação, a da constituição da natureza como propriedade fundiária, e do primeiro trabalho, agrícola. Mas, essa relação, insuperável, com a natureza produtora deveria ser negada para que as relações entre homens prevalecessem. O que significa que a mãe, instrumento reprodutor marcado pelo nome do pai e encerrada em sua casa, deve ser propriedade privada, excluída das trocas. A *proibição do incesto* representa esse interdito da entrada da natureza produtora nas trocas entre homens. Valor natural e valor de uso, a mãe não pode circular sob a forma de mercadoria, sob pena de que a ordem social seja abolida. Necessária à sua (re)produção (principalmente como (re)produtora de filhos e de força de trabalho: pela maternidade, pela amamentação, e frequentemente pelo cuidado doméstico), sua função é manter [a ordem social] sem que sua intervenção a modifique. Seus produtos só terão, aliás, curso legal se marcados pelo nome do pai, se tomados sob sua lei: isto é, se apropriados por ele. A sociedade seria o lugar em que o homem gera a si próprio o lugar da produção do homem como homem, de seu nascimento à existência "humana", "sobre-natural".

A mulher-virgem, ao contrário, é puro valor de troca. Ela não é senão a possibilidade, o lugar, o signo, das relações entre homens. Nela mesma, ela não existe: ela é um simples envelope que recobre o que está realmente em jogo na circulação social. A esse título, seu corpo natural é abolido em sua função representativa. O *sangue vermelho* permaneceria do lado da mãe, mas não teria preço, como tal, na ordem social; a mulher, ela, como moeda de troca, não seria mais do que *semblante*. A passagem – ritualizada – da mulher à mãe se realiza pela *violação de um envelope:* o hímen. Ele se constituiu em *tabu:* o da virgindade. A mulher, deflorada, seria relegada ao seu valor de uso e ao seu encarceramento na propriedade privada. Removida das trocas entre homens.

Resta *a prostituta*. Implicitamente tolerada, explicitamente condenada, pela ordem social. Sem dúvida porque a ruptura entre uso e troca é, nela, menos nítida? No seu caso, as qualidades do corpo da mulher são "úteis". No entanto, elas só têm "valor" por terem sido apropriadas por um homem, e por servir de *locus* de relações – ocultadas – entre homens. A prostituição seria *um uso que se troca*. Não como virtual, mas já realizado. É por já ter sido usado que o corpo da mulher tem preço. No limite, quanto mais ele serviu, mais vale. Não que a disposição de suas riquezas naturais tenha sido efetuada assim, mas, pelo contrário, porque a sua natureza foi "consumida" e tornou-se mais uma vez um simples veículo das relações entre homens.

Mãe, virgem, prostituta, tais são os papéis sociais impostos às mulheres. As características da sexualidade (dita) feminina derivam da: valorização da reprodução e da amamentação; fidelidade; pudor, ignorância e mesmo desinteresse do prazer; aceitação passiva da "atividade" dos homens; sedução para suscitar o desejo dos consumidores, mas oferecendo-se como suporte material ao homem, sem gozar disso... *Nem como mãe, nem como virgem, nem como prostituta a mulher tem direito ao seu gozo.*

Sem dúvida, os teóricos da sexualidade se espantam, às vezes, com a frigidez das mulheres. Mas, segundo eles, isso se explicaria mais por uma impotência da "natureza" feminina do que pela sua submissão a um certo tipo de sociedade. No entanto, *o que é requerido de uma sexualidade feminina "normal" evoca estranhamente as características do status das mercadorias*. Com referências e rejeições também ambíguas do "natural": do fisiológico, do orgânico, etc.

E:

– assim como a natureza deve ser submissa ao homem para se transformar em mercadoria, também haverá um "tornar-se uma mulher normal". O que equivale, para o feminino, a uma subordinação às formas e às leis da atividade masculina. A rejeição da mãe – imputada à mulher – teria nisso a sua "causa";

– assim como, na mercadoria, a utilidade natural se dilui na função da troca, as propriedades do corpo da mulher devem se desvanecer diante do que exige a sua trans-formação em objeto de circulação entre homens;

– assim como a mercadoria não dispõe de um espelho que a reflita, a mulher serve de reflexo, de imagem do e para o homem, mas não tem qualidades específicas que sejam próprias. Sua forma valorosa resume-se ao que o homem inscreve na e sobre sua matéria: seu corpo;

– assim como as mercadorias não podem efetuar trocas entre si sem a intervenção de um sujeito que as classifique, o mesmo acontece com as mulheres. Distinguidas, divididas, separadas, parecidas e diferentes, segundo os que as julgaram intercambiáveis. Nelas mesmas, entre elas mesmas, amorfas, confusas, corpo natural, maternal, útil sem dúvida para o consumidor, mas sem identidade possível, nem valor comunicável;

– assim como as mercadorias se tornam, mesmo com o seu corpo resistindo a isso, depositárias, quase autônomas, do valor do trabalho humano, assim, sendo espelhos do e pelo homem, as mulheres se tornam, elas próprias, quase sem querer, o risco da desapropriação da potência masculina: miragem fálica;

– assim como uma mercadoria encontra a expressão de seu valor em um equivalente – no final das contas, geral –, que permanece forçosamente exterior, a mulher tira o seu preço de sua relação com o sexo masculino, constituído como valor transcendental: o falo. E o enigma do "valor" está na relação mais elementar entre mercadorias. Entre mulheres. Pois, desenraizadas de sua "natureza", elas não se relacionam mais umas com as outras a não ser em função do que representam no desejo dos homens, e segundo as "formas" que eles lhes impõem. Entre elas, são separadas pelas suas especulações.

O que quer dizer que a divisão do "trabalho" – principalmente sexual – exige que a mulher mantenha no seu corpo o substrato material do objeto do desejo, mas ao qual ela própria não tem nunca acesso. A economia do desejo – da troca – é um assunto de homens. E essa economia submete as mulheres a uma cisão (*schize*) necessária ao funcionamento simbólico: sangue vermelho/ semblante; corpo/envelope investido de valor; matéria/ moeda de troca; natureza (re)produtora/feminilidade fabricada... Essa cisão (*schize*) – característica de toda natureza falante, objetarão – é infligida às mulheres sem que elas tirem proveito disso. E sem que seja por elas sobrepujada. Elas nem mesmo estão "conscientes" disso. O simbólico que, assim, as corta em duas não lhes é, em nada, apropriado. Nelas, o "semblante" permanece exterior, estranho à "natureza". *Socialmente,* elas são "objetos" para e entre os homens e não podem, aliás, senão imitar uma "linguagem" que elas não produziram; *naturalmente,* elas permanecem amorfas, sofrendo de pulsões sem representantes ou representações possíveis. A transformação do natural em social não acontece, para elas, senão a título de servirem como componentes da propriedade privada, ou como mercadorias.

CARACTERÍSTICAS DESSA ORDEM SOCIAL

Esse tipo de funcionamento social pode ser interpretado como *a realização prática do meta-físico.* Como destino *prático,* ele figuraria também a sua *forma mais acabada.* Operando assim, aliás, que os próprios sujeitos, de parte a parte implicados, sendo produzidos como conceitos, não teriam meios de analisar. A não ser em um *après-coup* cujos atrasos ainda estão para ser medidos...

Essa realização prática do meta-físico teria sua operação fundadora na apropriação do corpo das mulheres pelo pai ou por seus substitutos. Ela seria marcada pela sua submissão a um sistema de equivalência geral: o nome próprio, representando o monopólio do poder pelo pai. Dessa estandardização, as mulheres receberiam o seu valor: passando do estado de natureza ao de objeto social. Essa trans-formação do corpo das mulheres em valor de uso e de troca inaugura a ordem simbólica. Mas esta funciona sobre uma *mais-valia quase pura*. As mulheres, animais dotados de palavra como os homens, vão assegurar a possibilidade do uso e da circulação do simbólico, sem serem, no entanto, parte dele. O não acesso, para elas, ao simbólico é o que estabelece a ordem social. Colocando os homens em contato, em relação entre si, as mulheres não realizam essa função senão renunciando ao seu direito à palavra e, aliás, à animalidade. Não mais na ordem natural, não ainda na ordem social que, no entanto, elas mantêm, as mulheres são o sintoma da exploração de indivíduos por uma sociedade que não as remunera senão parcialmente, ou absolutamente não as remunera, pelo seu "trabalho". A menos que a subordinação a um sistema que utiliza você e oprime você seja considerada como uma retribuição suficiente? ... A menos que o fato de cravar nas mulheres o nome próprio – do "pai" – seja avaliado como o pagamento simbólico que lhes é devido pelo fato de sustentarem com seu corpo a ordem social?

Mas, submetendo os corpos das mulheres a uma equivalência geral, a um valor transcendente, sobre-natural, os homens têm arrastado o funcionamento social para um processo de abstração cada vez maior, até o ponto de serem produzidos como puros conceitos: tendo superado todas suas qualidades "sensíveis" e suas diferenças individuais, eles estariam, enfim, reduzidos a uma produção média de trabalho. O poder dessa economia prática do meta-físico se explicaria pelo fato de que a energia "fisiológica" seria transformada em valor abstrato sem a mediação de uma elaboração inteligível. Nenhum sujeito particular realizaria mais essa operação. Só *après-coup* que ele poderia, eventualmente, analisar a sua determinação como tal, pelo social. E, mesmo então, não é certo que seu amor de ouro não o faça renunciar a tudo antes que renuncie ao culto desse fetiche. "O entesourador sacrifica, portanto, ao fetiche [do ouro] todos prazeres de sua carne. Ninguém mais que ele leva a sério o evangelho da renúncia."

Felizmente – se assim podemos dizer – permaneceriam as mulheres-mercadorias como simples "objetos" de transação entre homens. Sua situação de exploração específica nas operações de troca – sexuais, mas frequentemente econômicas, sociais, culturais – pode levá-las a oferecer uma nova "crítica da economia política". *Crítica que não evitaria mais aquela do discurso, e mais comumente aquela do sistema simbólico, no qual ela é realizada.* O que levaria a interpretar de uma maneira diferente o impacto do trabalho social simbólico na análise das relações de produção.

Porque, sem a exploração das mulheres, o que adviria da ordem social? Quais modificações sofreria se as mulheres deixassem para trás sua condição de mercadoria – sujeitas à produção, ao consumo, à avaliação, à circulação... para os homens unicamente – e assumissem parte na elaboração e na operação das trocas? Não reproduzindo, imitando os modelos "falocráticos" que hoje fazem a lei, mas socializando de outra forma a relação com a natureza, com a matéria, com o corpo, com a linguagem, com o desejo.

9

AS MERCADORIAS
ENTRE ELAS

As trocas que organizam as sociedades patriarcais acontecem exclusivamente entre homens. Mulheres, signos, mercadorias, moedas passam sempre de um homem a outro, sob pena – é o que se afirma – de recair em ligações incestuosas e exclusivamente endogâmicas, que paralisariam todo comércio. A força de trabalho, os produtos, inclusive os da mãe-terra, constituiriam, portanto, o objeto de transações entre os homens, unicamente. O que significa que *a própria possibilidade da ordem sociocultural exigiria a homossexualidade.* Tal seria a lei que ordena. A heterossexualidade seria uma atribuição de papéis na economia: sujeitos produtores e agentes de troca de um lado, terra produtora e mercadorias do outro.

A cultura, pelo menos a patriarcal, funcionaria efetivamente como o interdito do retorno ao *sangue vermelho,* inclusive do sexo. *Segue-se o império do semblante, que falha em reconhecer ainda as suas próprias endogamias.* Pois não haveria sexo, nem sexos diferentes, senão o prescrito pela boa marcha das relações entre homens.

Por que, então, considerar a homossexualidade masculina como um fato de exceção, se ela é subjacente à economia em geral? Por que excluir os homossexuais, quando a sociedade postula a homossexualidade? A não ser porque o *"incesto"* envolvido na homossexualidade deva permanecer no semblante.

Assim, exemplarmente, acontece nas *relações pai--filho,* que garantem a genealogia do poder patriarcal, suas leis, seu discurso, sua estrutura social. Efetivas em todos os lugares, essas relações não podem nem desaparecer – na abolição da família ou na reprodução monogâmica –, nem se exibir em seu amor pederasta, nem se praticar de outra forma a não ser unicamente na linguagem, sem provocar uma crise geral. Sem pôr fim a um certo simbólico.

As "outras" relações homossexuais – masculinas – seriam igualmente subversivas, portanto, interditas. *Interpretando abertamente a lei do funcionamento social,* elas ameaçam, de fato, deslocar o horizonte da lei. Além de elas questionarem a natureza, o *status,* a necessidade "exogâmica" do produto de troca. Causando um curto--circuito na operação comercial, elas desmascarariam também o que está realmente em jogo? Elas podem ainda, desvalorizar o valor, sublime, do padrão. Que o pênis, mesmo o pênis, se torne meramente o meio ao prazer, e entre homens: *o falo perde o seu poder.* O gozo, dizem, deveria ser deixado a essas criaturas pouco aptas para a seriedade das regras simbólicas, no caso as mulheres.

As trocas e as relações, sempre realizadas entre homens, seriam, portanto, *ao mesmo tempo requeridas e proibidas pela lei.* Os agentes de troca, os sujeitos masculinos, só poderiam existir ao preço de renunciar a funcionarem eles próprios como mercadorias.

Logo, toda gestão econômica é homossexual. Também a do desejo, inclusive do desejo pela mulher. A mulher não tem lugar senão como possibilidade de mediação, de transação, de transição, de transferência...

entre o homem e o seu semelhante, isto é, entre o homem e ele próprio.

☆☆☆

Se este estranho *status* da dita heterossexualidade pôde, e ainda pode, passar despercebido, *como podem ser contabilizadas, nesse sistema de trocas, as relações entre mulheres?* Apenas afirmando que desde que (se) deseja, desde que (se) fala, a mulher é um homem. À medida que tem uma relação com outra mulher, ela é *um* homossexual.

É o que demonstra Freud em suas análises da homossexualidade feminina.*

Uma mulher homossexual não pode ser determinada em sua escolha a não ser por um "complexo de virilidade". Seja este "a prolongação em linha reta da virilidade infantil" ou "a regressão ao antigo complexo de virilidade", é somente como um homem que a *homossexual pode desejar uma mulher que lhe lembre um homem.* Assim, as mulheres homossexuais "podem, indiferentemente, uma diante da outra, encenar o papel da mãe e da criança, ou do marido e da mulher".

A mãe: o poder fálico; a criança: não é nunca mais do que um menininho; o marido: um homem-pai. E a mulher? "Ela não existe". Ela assume o disfarce que lhe demandaram assumir. Ela imita o papel que lhe foi imposto. A única coisa verdadeiramente requerida dela é que *mantenha, sem provocar manchas, a circulação do semelhante, ao se envelopar em feminilidade.* Donde a falta, a infração, o mau comportamento, a questão que a homossexualidade feminina provoca. Como reduzi-la? Encarando a homossexuliadade feminina sob o prisma do fazer como um homem.

---

* Cf. "Psicogênese de um caso de homossexualidade feminina", em *Neurose, psicose e perversão*, P.U.F. (N. A.)

Então, a mulher homossexual, pelo menos a de Freud, "assumia nitidamente o tipo masculino no seu comportamento em relação ao objeto amado", "não somente escolhera um objeto do sexo feminino, mas tinha ainda adotado uma atitude viril frente a esse objeto"; ela se tornara "homem e havia, em vez do seu pai, tomado sua mãe (fálica) como objeto de amor"; mas sua fixação à "dama" explicava-se, da mesma forma, pelo fato de que "a alta estatura dessa, sua beleza severa e suas maneiras rudes lhe lembravam seu próprio irmão um pouco mais velho do que ela".

Como contabilizar essa "perversão" da função sexual atribuída a uma mulher "normal"? A interpretação do psicanalista parece ter encontrado dificuldades. A homossexualidade feminina aparece como um fenômeno tão estranho à sua "teoria", ao seu imaginário (cultural), que o que se pode fazer é neglicenciar a interpretação psicanalítica.

Resta, portanto, para que a ciência não seja muito abalada, remeter essa questão embaraçosa a uma causa anatomofisiológica: "Certamente, o fator constitucional, isso é incontestável, tem uma importância decisiva". E Freud procurará os índices anatômicos que justifiquem a homossexualidade – *masculina* – de sua "paciente". Sem dúvida, "o tipo da jovem não se afastava do tipo físico da mulher", ela era "bonita e bem-feita", e "não apresentava mais os problemas da menstruação", mas "tinha, é verdade, a alta estatura de seu pai e traços faciais acentuados, mais do que feminilmente graciosos, o que poderia se considerar como indicativo de uma virilidade somática", além de "suas qualidades intelectuais indicarem antes um caráter viril". Mas... "o psicanalista costuma, em certos casos, recusar exames físicos aprofundados de seus doentes".

Se não fosse assim, o que Freud teria descoberto como prova anatômica da homossexualidade – *masculina* – de sua "paciente"? O que o seu desejo, inadmissível, por *disfarces*, o teria levado a "ver"? Para recobrir todas essas/suas fantasias ainda com uma objetividade anatomofisiológica, ele fala somente de "ovários provavelmente hermafroditas". E... ele dispensa a jovem, aconselhando-a a "continuar a tentativa terapêutica, se é que ainda lhe atribuía qualquer valor, com uma médica".

Nada da homossexualidade *feminina* foi abordado. Nem a da jovem, nem a de Freud. De fato, a "paciente" parecia estar absolutamente indiferente ao desenrolar do tratamento, ainda que "participando muito intelectualmente". *A única transferência em causa seria a de Freud?* Negativo, como se costuma dizer. Ou: denegativo. Pois identificar-se com uma dama... que além do mais é "de má reputação sexual", de "moral sem peso", que "vivia simplesmente do comércio de seus encantos", como poderia ele fazer isso? Como seu "superego" poderia autorizá-lo a ser "simplesmente" uma mulher? Era, no entanto, o único jeito de não bloquear a transferência de sua "paciente".

A homossexualidade feminina, portanto, escapou ao psicanalista. O que não quer dizer que o que foi descrito por Freud seja simplesmente inexato. A economia sociocultural dominante não concede às "homossexuais" mais do que a escolha entre uma espécie de *animalidade* que Freud parece ignorar e a *imitação dos modelos masculinos*. Nessa economia, a interação de desejos entre corpos, sexos, palavras de mulheres é inconcebível.

Entretanto, a homossexualidade feminina existe. Mas ela não é reconhecida senão enquanto *prostituída às fantasias dos homens*. As mercadorias só podem entrar em relação sob o olhar de seus "guardiões". É inadmissível que elas possam ir sozinhas para o "mercado", que gozem de seu valor entre elas próprias, que falem umas com as outras, que se desejem, sem o controle de sujeitos vendedores-compradores-consumidores. E suas relações devem ser de rivalidade, segundo interesse dos comerciantes.

☆☆☆

E se as "mercadorias" se recusassem a ir para o "mercado"? Estabelecendo entre elas um "outro" comércio?

Trocas sem termos identificáveis, sem contas, sem fim... Sem um(a) mais um(a), sem série, sem número. Sem um padrão. Onde o *sangue vermelho* e o *semblante* não seriam mais distinguidos por envelopes enganadores a respeito de seus preços. Onde o uso e a troca se confundiriam. Onde o maior valor seria ao mesmo tempo o mínimo mantido em reserva. Onde a natureza seria usufruída, sem esgotar-se; se trocaria, sem trabalho; se doaria – abrigada das transações masculinas – por nada: prazeres gratuitos, bem-estar sem sofrimentos, gozo sem possessão. Ironia para os cálculos, as poupanças, as apropriações que tanto assaltam quanto violam as capitalizações laboriosas.

Utopia? Talvez. A menos que essa modalidade de troca mine a ordem do comércio desde o início. Mas a necessidade de manter *o incesto no terreno de puro semblante* tem se colocado no caminho de uma certa economia da abundância.

10

"FRANCESAS", NÃO FAÇAM MAIS UM ESFORÇO...

Na cena pornográfica, não tenho nada a dizer. Devo escutar e repetir o que ensina um mestre libertino, dirigindo-se a uma – um? – jovem estrangeira que parte de sua ignorância, e devo me submeter, voluptuosamente, às suas práticas. Ou à de seus acólitos? – como obriga a preferência socrática. Além do mais, devo manifestar meu entusiasmo: "Sim, sim, sim...". "Certamente", "Evidentemente", "Obviamente", "Como poderia ser de outra forma?", "Quem poderia dizer o contrário?", e outros sons, menos articulados, que provam ao mestre que me sinto extasiada diante do seu saber-dizer ou fazer.

É bem o caso: estou fora de mim. Enlevada. Passada (o que quer dizer também: batida). A partir daí – professa o mestre – eu entro no meu gozo. É preciso, antes de mais nada, que eu perca o conhecimento – e existência? – pelo poder, teórico e prático, de sua língua.

Se me acontecesse de, permanecendo fora da cena, sobreviver ou resistir às garras dessa autoridade soberana, eu arriscaria questionar esse mestre libertino em alguns pontos. Que ele não escutaria. Ou que receberia como a prova de uma infidelidade ao que chama de "minha natureza". Ou melhor: como um efeito da censura. Ele não precisa disso para perpetuar o brotar de seus prazeres? Não há dúvida que, de toda forma, ele se esquivaria de minhas questões em nome de alguma jurisdição. Ele é, realmente, um legislador-nato.

PERGUNTAS AOS PORNÓGRAFOS

– A cena pornográfica se apresenta paradigmaticamente como a iniciação e o treinamento de uma mulher, ainda e sempre virgem a respeito do gozo que um homem pretende lhe ensinar. A mulher tem, portanto, aparentemente, o papel principal: a grande estrela. Convém que ela seja jovem e bela.

A quem é dado contemplar essa mulher, no seu corpo e no seu gozo? Por quem é representado o sexo do homem? Não é, finalmente, a um outro homem que são destinados os propósitos e as performances do professor de imoralidade? Entre dois homens, ao menos, estabelece-se uma relação da qual a jovem ignorante é a *mediação prescrita pela sociedade*. Como a cena se desenvolve entre homens, a mulher vem cada vez mais para o primeiro plano. Qual é, em tal economia, *a função do gozo da mulher?*

– Aliás, *trata-se mesmo do gozo da mulher?* Que a mulher tenha um, dois, dez, vinte... orgasmos, até ficar completamente exausta – *lassata sed non satiata* [em latim, "cansada, porém não satisfeita"]? – não significa que ela goze do seu gozo. Esses orgasmos são necessários como demonstração da potência masculina. Significam o sucesso – pensam eles – da dominação sexual da mulher pelo homem. Eles são a *prova de que as técnicas de gozo elaboradas pelos homens são válidas, que o homem é o mestre incontestado dos meios de produção do prazer.* As mulheres estão aí para testemunhar isso. Seu treinamento visa submetê-las a uma economia sexual exclusivamente falo-crática: as noviças sucumbem totalmente à apetência beata da ereção, da penetração violenta, da repetição dos golpes e dos ferimentos. As libertinas falam e agem como falocratas: elas seduzem, beijam, descarregam, batem, até matam as mais fracas do que elas, como homens fortes que são.

Mulheres-álibis, como se diz. Pois as técnicas de gozo aplicadas na pornografia são – pelo menos até hoje? – muito pouco apropriadas para o prazer das mulheres. A obsessão com a ereção e com a ejaculação, a importância exagerada dada à dimensão do pênis, a pobreza estereotipada dos gestos, o corpo reduzido a uma superfície pronta para ser fragmentada e esburacada, a violência, o estupro... levam forçosamente, eventualmente, ao gozo – as mulheres são afortunadas... –, mas que tipo de gozo é esse?

E que as mulheres permaneçam *sempre mudas e ignorantes* a respeito desse gozo, quem se surpreenderia? A "natureza" submetida aos modos de produção exclusivos dos homens goza através delas, com a condição de que elas se submetam sem saber nada a respeito disso. Que o libertino, graças ao prazer delas, fique sabendo um pouco mais, esse é o seu bônus de prazer.

– Ele até mesmo incita as mulheres a gozarem entre elas. Sob o seu olhar, claro. Nenhuma das possibilidades da encenação sexual deve escapar dele. Com a condição de que ele seja o organizador, tudo é permitido. Subsiste a questão: a partir do que ele vê o que se passa entre as mulheres? Ou: *as mulheres que são "entre-elas-sob-o--olhar-dele", como estas são entre si?*

– Por exemplo: o libertino gosta de sangue. Pelo menos daquele que corre segundo as suas técnicas. Pois, quaisquer que sejam os atos de sua libertinagem, a sua transgressão de todos (?) os interditos, *o sangue menstrual é geralmente tabu.* Os excrementos, tudo bem, mas o sangue das regras, não...

Estaria ele censurando, sem o saber, algo da "natureza"? Por que justamente o sangue? O sangue de quem? E por que as mulheres são submetidas a esses sistemas de interdição? Não teriam elas, na verdade, vontade de gozar durante suas regras? Elas participam – sob a influência de quais sugestões – do horror a seu próprio sangue? Essa repulsa – induzida – é o que as faz odiar o sexo de sua mãe?

– Mais sangue... A passividade, e mais exatamente a penetração, é sempre figurada como acompanhada de dor. Cláusula necessária ao prazer: do que penetra, daquela ou daquele que são penetrados. *Que fantasia de corpo-virgem-sólido-fechado a ser aberto com violência subjaz tal representação e tal prática do sexual?* O gozo do corpo passaria sempre pela invasão – se possível, sangrenta – de um terreno cercado. De uma *propriedade?* Para quem, por quem, foi ela constituída? Esse quase-crime de lesa-propriedade privada concerne a qual (quais) homem (homens)? Mesmo que ele se exerça, mais frequentemente, sobre o corpo das mulheres.

– Em todo caso, o libertino é, muito frequentemente, bem provido de dinheiro, de linguagem, de técnicas. É em função dessa apropriação de riquezas e de instrumentos de produção que ele seduz – compra? – as mulheres, as crianças, os mais "pobres" e os compele ao gozo? Ainda uma vez: que gozo? E seria porque ele não é obrigado a trabalhar que ele tem todo o tempo de que precisa para elaborar seu saber do prazer?

Seria esse o seu trabalho? *Como é que tal trabalho se articula com o mundo do trabalho em geral?* O pornógrafo não é – hoje – um funcionário do Estado devotado às questões da salubridade pública?

De fato, a cena pornográfica – encorajada tácita ou explicitamente pelos poderes republicanos – funciona como um lugar, bem restrito, de "descargas" e de "poluições" até a saciedade. A mecânica humana encontra-se aí, periodicamente, limpa e esvaziada de seus desejos e dos excessos sexuais possíveis. Os corpos, purgados de seus eventuais excessos, podem retomar seu caminho, nos circuitos do trabalho, da sociedade, até da família. Tudo acontecerá de maneira apropriada até a próxima vez.

– A próxima vez? A cena pornográfica é *indefinidamente repetitiva*. Não para nunca. É preciso recomeçar sempre. Mais uma vez. Mais uma vez, ainda. Sob o álibi do prazer impõe-se a necessidade de uma reiteração: sem fim.

O que se furta assim ao prazer para que a compulsão à repetição seja tão tirânica? Para que algum imperativo categórico nos obrigue a correr atrás de um gozo sempre inacessível? Pois só o esgotamento físico determina o ponto da parada da cena, e não o alcance a um gozo mais exaustivo. Tal gozo, por sinal, se torna cada vez mais raro e custoso: o mestre precisa cada vez de mais para gozar. A pornografia é o *reino da série*. Uma vez mais, uma "vítima" a mais, um golpe a mais, uma morte a mais...

– Mas em circuito fechado: espaço e tempo circunscritos. A cena engendra, rigorosamente, a saturação e o tédio. A dimensão quantitativa funciona como a sua única "abertura". Ou a morte: saída desse ciclo sem termo. *De onde vem a prescrição dessa monotonia?* A libertinagem não é determinada, também, por um superego tão cruel quanto automático em seu exercício? Maquinação do gozo, no qual se imolam os corpos sexuados em um sacrifício tanto mais bem-sucedido quanto mais atinge o desfalecimento (na) morte.

Daí a pergunta: para o homem, a abundância – realidade ou fantasia –, da qual depende essencialmente a sedução pornográfica, *deve ainda e sempre ser expiada na perda?* O a-mais deve chegar sempre ao a-menos? A acumulação à descarga? Até o esgotamento das reservas? E tudo recomeça. No horizonte da cena pornográfica persistiria a fascinação pela falta? O homem confessaria, com isso, a sua incapacidade de gozar de suas riquezas? Da natureza? *Qual o mito todo-poderoso e implacavelmente perseguidor que domina a economia dessa cenografia sexual?*

Muitas outras perguntas poderiam ser feitas aos pornógrafos. Sem, entretanto, evocar a questão de ser "a favor" ou "contra" as suas práticas. No final das contas, mais vale que se exerça, abertamente, a sexualidade subjacente à nossa ordem social, do que ela prescrever a ordem social a partir do lugar de seus recalques. Pode ser que, à força de ser exibida, sem pudor, a falocracia que reina em todos os lugares, uma outra economia sexual se torne possível? A pornografia como "catarse" do império fálico? Como desmascaramento do assujeitamento sexual das mulheres?

AS MULHERES FORA DO BOUDOIR

Mulheres, não façam mais esforço algum. Ensinaram-lhes que vocês eram propriedade privada ou pública: de um homem ou de todos os homens. De uma família, de uma tribo, de um Estado, eventualmente republicano. Que esse era o prazer de vocês. E que, sem a submissão aos desejos – de um homem ou de todos –, vocês não conheceriam nunca o gozo. Que este estava, para vocês, sempre ligado à dor, mas que a natureza de vocês era assim. Desobedecer a isso seria se infligir infortúnios.

Mas a natureza de vocês era, curiosamente, sempre definida pelos homens, somente, seus eternos pedagogos: nas ciências sociais, religiosas, ou sexuais. Seus professores morais ou imorais. Foram eles que ensinaram a vocês suas necessidades ou desejos, sem que vocês tivessem começado a dizer qualquer coisa.

Então, perguntem qual é a natureza que fala pelos percursos deles, teóricos ou práticos. E se vocês se sentirem atraídas por outras coisas que não as ordenadas pelas leis, regras, rituais, que são deles, pensem que – talvez – trata-se aqui da "natureza" *de vocês.*

Nem mesmo saiam em busca de um álibi. Façam o que vier à cabeça, o que lhes agradar: sem "motivo", sem "causa válida", sem "justificativa". Não será necessário elevar seus impulsos à dignidade de imperativos categóricos: nem para vocês, nem para outros. Seus impulsos podem se modificar, coincidir ou não com os impulsos de outras pessoas. Hoje, não amanhã. Não se obriguem à repetição, nem fixem seus sonhos ou desejos como representações únicas e definitivas. Vocês têm tantos continentes a explorar que delimitar fronteiras equivaleria a não "gozar" de toda a "natureza" de vocês.

11
QUANDO NOSSOS LÁBIOS SE FALAM

Se continuarmos a falar, entre nós, a mesma linguagem, vamos reproduzir a mesma história. Recomeçar as mesmas histórias. Vocês não acham? Escutem: ao nosso redor, os homens e as mulheres, poderíamos dizer que se parecem. Mesmas discussões, mesmas disputas, mesmos dramas. Mesmas atrações, mesmas rupturas. Mesmas dificuldades, impossibilidades de conexão. Mesmas... Mesmo... Sempre o mesmo.

Se continuarmos a falar a mesma coisa, se falarmos umas com as outras como os homens se falam há séculos, como nos ensinaram a falar, fracassaremos. Ainda... As palavras passarão através dos nossos corpos, por cima de nossas cabeças, perder-se-iam, perder-nos--íamos. Longe. Alto. Ausentes de nós: máquinas faladas, máquinas falantes. Envelopadas em peles apropriadas, mas que não são as nossas. Assaltados os nomes próprios, violadas por eles. Não os seus, nem os meus. Nós não os temos. Nós trocamos de nome como eles nos trocam, como eles nos usam. Seremos frívolas de tão mutáveis, intercambiadas por eles.

Como posso te tocar, se não estás aí? O teu sangue transformou-se no sentido deles. Eles podem falar uns com os outros, e de nós. Mas e nós? Saia da linguagem deles. Tente reatravessar os nomes que te foram dados. Eu te espero, e me espero. Volte. Não é tão difícil. Fique aqui e não te absorvas em cenas que já foram representadas, em frases já ouvidas e reeditadas, em gestos já conhecidos. Em corpos já codificados. Tente estar atenta a si própria. A mim. Sem te deixares distrair pela norma, ou pelo hábito.

Assim: *eu te amo,* normalmente ou habitualmente, dirige-se a um enigma: um outro. Um outro corpo, um outro sexo. Eu te amo: não sei muito quem ou o quê. *Eu amo* – expressão que escorre, mergulha, se afoga, se queima, se perde, no abismo. Será preciso esperar o retorno de "eu amo". Talvez por muito tempo, talvez para sempre. Aonde foi o "eu amo"? O que aconteceu comigo? "Eu amo" espreita o "outro". Será que o outro me engoliu? Me rejeitou? Me tomou? Me abandonou? Me trancafiou? Me expulsou? Como ele é, agora? Não mais (como) eu? Quando ele me diz: *eu te amo,* me desprende? Ou é ele que se dá sob essa forma? A sua? A minha? A mesma? Uma outra? Mas então, em que e onde me transformei?

Quando você me diz *eu te amo* – ficando aqui, perto de você, de mim – você diz *eu me amo.* Você não tem de esperar que isso seja retribuído, nem eu, tampouco. Não te devo nada, e você não me deve nada. Esse "eu te amo" não é um dom, nem uma dívida. Não me "dá" nada, quando se toca, quando me toca, quando você se toca novamente através de mim. Você não se dá. O que faria eu de ti, de mim, empacotadas como um dom [presente]? Você se/me reencontra à medida que você se/me confia. Tu me reencontras na medida em que me confias. Essas alternativas, essas oposições, essas escolhas, esses mercados não têm curso, entre nós. A não ser quando repetimos o comércio deles, e permanecemos na economia deles. Onde nós não temos lugar.

Eu te amo: corpo partilhado. Sem corte. Sem você, nem eu destrinchados. Não há sangue necessariamente vertido ou a verter entre nós. Não há necessidade de ferida para nos lembrar de que o sangue existe. Ele corre em nós, e de nós. O sangue nos é familiar. O sangue: próximo. Você está toda vermelha. E tão branca. Uma e outra. Você não fica vermelha por perder teu candor. Você é branca por não ter se afastado do sangue. De nós, brancas, mas sempre permanecendo vermelhas, nascem todas as cores: rosas, marrons, loiras, verdes, azuis... pois essa brancura não é do semblante. Do sangue morto. Do sangue negro. O semblante é negro. Ele absorve tudo, fechado(a) para tentar retomar a vida. Em vão... A brancura do vermelho não se apodera de nada. Ela remete, tanto como recebe. Luminosa, sem autarquia.

Luminosas, nós. Sem uma, nem duas. Eu nunca soube contar. Até chegar a você. Nós seríamos duas, nos cálculos deles. Duas, verdadeiramente? Isso não te faz rir? Um tipo extravagante de dois. No entanto, não uma. Sobretudo, não uma. Vamos deixar a eles o *um*. O privilégio, a dominação, o solipsismo do *um*: que é também o do sol. E essa estranha repartição dos casais deles, nos quais o outro é a imagem do um. Imagem, somente. Ir em direção ao outro corresponde, portanto, a ser atraído pela própria miragem. Espelho (mal) vivo. Congelado(a). Mudo(a). É mais fiel. Exaustivo trabalho de duplicação, de imitação, no qual se gasta o correr de nossa vida. Dedicadas à reprodução. Esse mesmo em que estamos há séculos: os outros.

Mas como dizer de outra forma *eu te amo*? Eu te amo, minha indiferente? Isso equivale a nos dobrar à linguagem deles. Para nos designar, eles nos deixaram as faltas, os defeitos. Seu(s) negativo(s). Nós deveríamos ser – e isso já é dizer demais – indiferentes.

Indiferente, fique tranquila. Se você se mexe, desarruma a ordem deles. Você perturba tudo. Quebra o círculo de seus hábitos, a circularidade de suas trocas, o saber deles, o desejo deles. O mundo deles. Indiferente, você não deve se mover, nem se comover, a não ser que eles te chamem. Se disserem: "vem", então você pode avançar. Mal. Adaptando-se à necessidade que eles tenham, ou não, da presença de sua imagem. Um passo ou dois. Nenhum mais. Nem exuberância nem turbulência. Senão, você pode quebrar tudo. O gelo. A terra deles, a mãe deles. E a sua vida? Você deve fingir: você a recebeu deles. Pequeno receptáculo indiferente, submisso unicamente às pressões deles.

Portanto, seríamos indiferentes. Isso não te faz rir? Pelo menos por um momento, aqui e agora? Nós, indiferentes? (Se você cai na gargalhada todo o tempo, e em todos os lugares, não poderemos nunca nos falar. E seremos ainda assaltadas pelas palavras deles, violadas por elas. Então, retomemos uma parte de nossa boca para tentarmos falar). Não diferente, é verdade. Enfim... Isso seria simples demais. E esse "não" nos separa ainda, para nos medir. Separadas assim, não há mais "nós". Parecidas? Se quiserem. É um pouco abstrato. Eu não compreendo muito bem o: "parecidas". Você compreende? Parecidas aos olhares de quem? Em função do quê? De qual padrão? De qual terceiro termo? Eu te toco, isso basta para saber que você é meu corpo.

Eu te amo: nossos dois lábios não podem se separar para deixar passar *uma* palavra. Uma única palavra que diria "você", ou "eu". Ou: iguais. A que ama, a que é amada. Elas dizem – fechadas e abertas, sem que jamais uma exclua a outra – uma e outra se amam. Juntas. Para produzir uma palavra exata, seria preciso que elas se mantivessem separadas. Decididamente separadas, uma da outra. Distantes uma da outra e, entre elas, *uma palavra*.

Mas de onde viria essa palavra? Tão correta, fechada, dobrada sobre o seu sentido. Sem falha. *Você. Eu.* Pode rir... Sem falha, não seria mais você nem eu. Sem lábios, não há mais "nós". A unidade das palavras, da verdade deles, da propriedade deles, está na ausência de lábios deles. O esquecimento dos lábios. As palavras são mudas, quando são proferidas de uma vez por todas. Envelopadas adequadamente para que o seu sentido – seu sangue – não escape. Como os filhos dos homens? Não os nossos. E, aliás, o que temos, necessidade ou desejo de um filho? Agora, aqui: próximas. Os homens, as mulheres, têm filhos para dar um corpo à sua aproximação, ao seu distanciamento. Mas nós?

Eu te amo, infância. Eu te amo, você que não é nem mãe (perdão, minha mãe, eu te prefiro antes como mulher), nem irmã. Nem filha, nem filho. Eu te amo – e onde eu te amo não me importam as filiações de nossos pais, e seus desejos de semblantes de homens. E as instituições genealógicas deles – nem marido, nem mulher. Nenhuma família. Nenhum personagem, papel ou função – suas leis da reprodução. Eu te amo: seu corpo aqui, agora. Eu/você te/me toco(toca), isso basta para que nos sintamos vivas.

Abra teus lábios, mas não simplesmente. Eu não os abro simplesmente. Você/eu não somos nem abertas nem fechadas. Não nos separando nunca, simplesmente: *uma única palavra* não pode ser pronunciada. Ser produzida, saída de nossas bocas. Entre teus/meus lábios várias cantorias, vários dizeres, sempre se respondem. Sem que o um, a uma, seja jamais separável do outro. Você/eu: fazemos sempre vários, de uma só vez. E como o um, a uma, dominaria o outro? Impondo sua voz, seu tom, seu sentido? Elas não se distinguem. O que não significa que elas se confundam. Vocês não compreendem nada? Não mais do que elas compreendem vocês.

Fale, mesmo assim. Sorte nossa que a sua linguagem não seja feita de um único fio, de uma única cadeia, de uma única trama. Ela vem de todos os lugares, de uma só vez. Você me toca inteiramente, ao mesmo tempo. Em todos os sentidos. Uma canção, um discurso, um texto de cada vez – por quê? Para seduzir, preencher, recobrir um dos meus "buracos"? Eu não os tenho, com você.

As falhas, as lacunas que esperariam do outro substância, plenitude, completude – não somos nós. Que de nossos lábios sejamos mulheres, isto não quer dizer que comer, consumir, preencher-nos seja o que nos importa.

Beije-me. Dois lábios beijando dois lábios: a abertura nos é restituída. Nosso "mundo". E a passagem de dentro para fora, de fora para dentro é ilimitada entre nós. Sem fim. Trocas que nenhum nó ou laço, nenhuma boca, consegue interromper. Entre nós, a casa não tem muros; a clareira, cercas; a linguagem, circularidade. Você me beija: o mundo é tão grande que perde todo horizonte. Insatisfeitas, nós? Sim, se isso quer dizer que jamais somos finitas. Se o nosso prazer é de nos mover, comover, incessantemente. Sempre em movimentos: o aberto não se esgota nem se satura.

Dizer multiplicidades ao mesmo tempo – isso nunca nos foi ensinado e nem permitido. Isso não é falar corretamente. Certamente, nós poderíamos – deveríamos? – exibir alguma "verdade", sempre sentindo, retendo, abafando alguma outra. O seu contrário? O seu complemento? O restante? – permaneceria oculto. Secreto. Fora e dentro, não deveríamos ser semelhantes. Isso não convém ao desejo "deles". Velar e desvelar, não é isso o que lhes interessa? Não é disso que se ocupam? Repetindo sempre a mesma operação. A cada vez. Sobre cada mulher.

Eu/você nos desdobramos para o prazer deles. Mas assim dividida em duas – uma fora, outra dentro –, você não se beija mais, não me beija mais. Fora, você tenta se conformar a uma ordem que lhe é estranha. Exilada de si, você se confunde com tudo que lhe é apresentado. Você imita tudo o que se aproxima. Você se transforma em tudo o que te toca. Ávida por se reencontrar, você se afasta indefinidamente de si. De mim. Assimilando modelo após modelo, passando de mestre a mestre, mudando de figura, de forma, de linguagem, segundo o que te domina. Afastada(s). À força de se deixar abusar, impassível paródia. Você não retorna mais indiferente. Retorna impenetrável, fechada.

    Fale comigo. Não consegue? Não quer mais? Quer se guardar? Permanecer muda? Branca? Virgem? Reservar seu dentro para si? Mas isso não existe sem o outro. Não se despedace assim, segundo as escolhas que lhe foram impostas. Não existe, *entre nós,* uma ruptura entre virgem e não virgem. Nenhum evento que nos faria mulheres. Muito antes do seu nascimento, você se tocava, inocente. O sexo do seu/meu corpo não nos é dado por uma operação. Pela ação de um poder, de uma função, de um órgão. Sem nenhuma intervenção ou manipulação particular, você já é mulher. Sem recurso necessário a um fora, o outro já te afeta. Inseparável de você. Você é, sempre e em todos os lugares, alterada. É esse o seu crime, o qual você não cometeu: você perturba o amor "deles" pela propriedade.

    Como te dizer que o seu gozo não tem maldade possível, estranho ao bem? Que a falta não pode advir senão quando, removida sua abertura, eles podem sobre você, fechada, inscrever suas posses, praticar seus arrombamentos, cometer suas infrações, transgressões... E outros jogos legais. Nos quais eles especulam – e você? – sobre a sua brancura. Se nos prestamos a isso, nós nos deixamos abusar, lesar. Distantes, indefinidamente, de nós próprias, para sustentarmos a busca dos fins "deles". Seria essa a nossa tarefa. Se nos submetermos à razão deles, seremos culpadas. Os cálculos deles – voluntários ou não – são para nos fazer sentir culpadas.

    Você volta, dividida: não há mais "nós". Você se divide em vermelho e branco, preto e branco, como poderemos nos reencontrar? Nos tocar, novamente? Ceifadas, partidas, acabadas: nosso gozo ficou suspenso na economia deles. Na qual ser virgem equivale a não ter sido ainda marcada por e para eles. Não ainda "mulher" por e para eles. Não ainda marcada pelo sexo deles, pela linguagem deles. Não ainda penetrada, possuída, por eles. A permanecer em um candor que seria uma espera por eles, um nada sem eles, um vazio sem eles. A reserva para suas explorações, consumações, explorações. O devir do desejo deles. Não do nosso.

Como dizer que somos mulheres desde o começo? Que não temos de ser produzidas por eles, nomeadas por eles, sacralizadas e profanadas por eles? Que isso tudo já aconteceu, sem o trabalho deles. E que a(s) história(s) dele(s) constitui(em) o lugar de nossa deportação. Não é que tenhamos um território próprio; a pátria deles, família, lar, discursos, nos aprisionam nos espaços fechados onde não podemos continuar a nos mover. E a viver. A propriedade deles é o nosso exílio. Nossas clausuras, a morte de nosso amor. Suas palavras, a mordaça de nossos lábios.

Como falar para escapar dos compartimentos deles, enquadramentos, distinções, oposições: virgem/deflorada, pura/impura, inocente/experiente... Como nos desvencilhar desses termos, nos liberar de suas categorias, nos livrar dos nomes deles? Nos desembaraçar, *viventes,* de seus conceitos? Sem reserva, sem branco imaculado que sustente o funcionamento dos sistemas deles. Você bem sabe que nós não somos jamais completas, mas que só nos abraçamos por inteiro. Que partes após partes – do corpo, do espaço, do tempo – interrompem o fluxo de nosso sangue. Nos paralisam, nos fixam, nos imobilizam. Mais pálidas. Quase frias.

Espere. Meu sangue está retornando. Do sentido dado por eles. Estamos novamente aquecidas. Entre nós. As palavras deles se esvaziam. Exangues. Peles mortas. Enquanto nossos lábios voltam a ficar vermelhos. Eles se mexem, se movimentam, querem falar. O que quer dizer? Quê? Nada. Tudo. Sim. Seja paciente. Você dirá tudo. Comece pelo que você sente, agora, imediatamente. O (nosso) todo vai vir.

Mas você não pode antecipar, prever, programar isso. O todo não é projetável. Dominável. É nosso corpo inteiro que se move. Não há superfície que se mantenha. Figura, linha, ponto que resista. Solo que subsista. Nem abismo. A profundidade, para nós, não é um despenhadeiro. Sem uma crosta sólida, não há precipício. Nossa profundidade: a espessura de nosso corpo, o todo que se toca. Sem acima e abaixo, avesso e direito, diante e atrás, alto e baixo isolados. Separados, fora de contato. Tudo entremeado. Sem quebras nem rupturas.

Se você/eu hesita(o) em falar, não será por termos medo de não nos expressarmos bem? Mas o que seria bem ou mal? Com que deveríamos nos conformar ao falar "bem"? Qual hierarquia, subordinação nos espreitaria? Nos despedaçaria? O que pretenderia nos elevar a um discurso de maior valor? A ereção não nos interessa: estamos tão bem nas planícies. Temos tantos espaços para partilhar entre nós. Para nós, o horizonte não será jamais cerceado, estamos sempre abertas. Estendidas, não deixando nunca de nos desdobrar, temos tantas vozes a inventar para falar de nós em todos os lugares, inclusive de nossas falhas, que todo o tempo não nos será suficiente. Não terminaremos nunca de realizar nosso percurso, explorar nossa periferia: temos tantas dimensões. Se você quiser falar "bem", contenha-se, estreite-se à medida que se ergue. Estirando-nos, alcançando mais alto, você se afasta do caráter ilimitado do seu corpo. Não fique ereta, porque nos deixará. O céu não está lá em cima: está entre nós.

E não se preocupe com a palavra "certa". Ela não existe. Não há verdade entre nossos lábios. Tudo tem lugar para existir. Tudo vale ser trocado, sem privilégio nem rejeição. Trocado? Tudo se troca, mas sem comércio. Entre nós não há proprietários nem compradores, não há objetos determináveis, nem preço. Aos nossos corpos são acrescentados nossos gozos comuns. Nossa abundância é inesgotável: ela não conhece nem a precariedade nem as riquezas. Entregando (nosso) todo sem reserva e sem monopólio, nossas trocas não têm termo. Como dizer isso? A linguagem que conhecemos é tão limitada...

Por que falar, você pergunta? Sentimos as mesmas coisas ao mesmo tempo. Minhas mãos, meus olhos, minha boca, meus lábios, meu corpo, não são suficientes? Não basta o que eles te dizem? Eu poderia te responder: sim. Mas seria simples demais. Demais para te/nos reconfortar.

Se não inventarmos uma linguagem, se não encontrarmos a linguagem do nosso corpo, ele terá talvez muito poucos gestos para acompanhar a nossa história. Ficaremos cansadas dos mesmos, deixando nosso desejo em latência, em sofrimento. Voltaremos a dormir, insatisfeitas. E entregues às palavras dos homens – que, há muito tempo, sabem. Mas *o nosso corpo, não*. Seduzidas, atraídas, fascinadas, extasiadas com o nosso devir, permaneceremos paralisadas. Privadas de *nossos movimentos*. Fixadas, quando somos feitas para uma mudança incessante. Sem a necessidade de saltos nem de quedas. E – sem repetições.

Continue, sem perder o fôlego. Seu corpo não é hoje o mesmo de ontem. Seu corpo se lembra. Não há necessidade de *você* se lembrar. De guardar, contar, contabilizar o "ontem" na sua cabeça. Sua memória? Seu corpo diz "ontem" no que ele quer hoje. Se você pensa: ontem eu era, amanhã eu serei, você pensa: estou um pouco morta. Seja o que você se torna, sem se agarrar ao que poderia ter sido, ao que possa ainda ser. Sem ser nunca fixa(da). Deixemos o definitivo aos não decididos. Nós não temos necessidade do definitivo. Nosso corpo, lá, aqui e agora, nos dá uma certeza inteiramente diferente. A verdade é necessária para os que se afastaram tanto de seu corpo que o esqueceram. Mas a "verdade" deles nos imobiliza, nos transforma em estátuas, se não nos desprendermos dela. Se nós não neutralizarmos o seu poder tentando dizer lá, aqui e agora como estamos comovidas.

Você se mexe. Você não fica tranquila. Você não fica, nunca. Você nunca "é". Como dizer? Sempre outra. Como falar contigo? Permanecendo no fluxo, sem fixação. Sem congelamento. Como transmitir esse fluxo corrente em palavras? Múltiplo. Sem causas, sentidos, qualidades simples. E, no entanto, impossível de ser decomposto. Esses movimentos que não são descritos pelo percurso de um ponto de origem a um fim. Esses rios, sem um mar único e definitivo. Esses córregos, sem margens persistentes. Esse corpo, sem bordas determinadas. Essa mobilidade, sem cessar. Essa vida. Isso que chamarão, talvez, de nossas agitações, nossas loucuras, nossas simulações ou nossas mentiras. Tão estranho tudo isso pode parecer a quem pretende se fundamentar sobre o sólido.

Fale, apesar de tudo. Entre nós, o "rígido" não se impõe. Conhecemos bem demais os contornos de nossos corpos para amar a fluidez. Nossa densidade prescinde do dilaceramento e da rigidez. Nosso desejo não vai ao cadavérico.

Mas como faremos para não morrer quando estivermos longe uma da outra? Esse é o risco que corremos. Como esperar que você volte, se, distante, você também não pode estar próxima? Se alguma coisa sensível não me lembre, aqui e agora, o toque de nossos corpos. Abertas ao infinito de nosso distanciamento, mergulhadas no nada de tangível da ausência, como continuar a viver como nós? Não nos deixar, ainda, envolver e ser violadas pela linguagem deles. Incorporadas no luto. Precisamos aprender a nos falar para que possamos nos abraçar a distância. Sem dúvida, me tocando novamente, eu me lembro de você. Mas tantas palavras são pronunciadas a nosso respeito, que elas nos separam.

Vamos inventar nossas frases, depressa. Que em todos os lugares, e durante todo o tempo, não paremos de nos abraçar. Somos tão sutis que nenhum obstáculo nos bloqueará, que nada poderá se opor a que nos juntemos, mesmo fugitivas, se encontrarmos meios de transmissão que tenham a *nossa* densidade. Atravessaremos tudo, imperceptíveis, sem danificar nada, para nos reencontrar. Ninguém verá nada. Nossa força é a nossa resistência fraca. Eles sabem há muito o que vale a nossa maleabilidade em relação aos abraços e às impressões deles. Por que não desfrutar dela entre nós? Em lugar de nos deixarmos assujeitar pelas suas marcas. Fixadas, estabilizadas, imobilizadas. Separadas.

Não chore. Um dia, nós conseguiremos nos dizer. E o que dissermos será ainda mais belo do que nossas lágrimas. Todas fluidas.

Eu já te levo comigo para todos os lugares. Não como uma criança, um fardo, um peso. Mesmo amado, mesmo precioso. Você não está *em mim*. Eu não te contenho e nem te retenho: no meu ventre, nos meus braços, na minha cabeça. Nem na minha memória, no meu espírito, na minha linguagem. Você está aqui, como minha pele. A certeza de existir além de toda aparência, todo revestimento, toda denominação. A garantia de viver porque você duplica a minha vida. O que não quer dizer que você me dá ou que subordina a tua à minha. O fato de você viver permite que eu me sinta viver, com a condição de que você não seja nem minha réplica nem minha imitação.

Como dizer isso de outra forma: nós só existimos a dois? Vivemos a dois para além das miragens, imagens. Dos espelhos. Entre nós, uma não é a "verdadeira", a outra, sua cópia; uma não é o(a) original, a outra, o seu reflexo. Nós, que podemos ser tão perfeitamente simuladoras na economia deles, nos relacionamos uma com a outra sem simulacro. Nossa semelhança dispensa o semblante: mesmo já no nosso corpo. Toque-se, toque-me, você vai "ver".

Não há necessidade de constituirmos uma segunda figura de gelo para ser "em dobro". Repetir-nos: uma segunda vez. Antes de qualquer representação, somos duas. Deixa que se aproximem essas duas que teu sangue fez, que meu corpo te lembra, vivas. Você terá sempre a beleza tocante de uma primeira vez, se você não se fixar em reproduções. Você será sempre (co)movida pela primeira vez, se não se imobilizar em nenhuma forma de repetição.

Sem modelo, padrão, nem exemplo, nós nunca nos damos ordens, comandos, defesas. Que nossos imperativos não sejam mais do que apelos a nos mover: junto. Não nos façamos nunca lei, nem moral. Guerra. Não temos motivos. Nem direito de te/me criticar. Se você/eu julgarmos, nossa existência acabará. E o que eu amo em você, em mim, em nós não terá mais lugar: o nascimento nunca finalizado, o corpo nunca produzido de uma vez por todas, a figura nunca definitivamente concluída, o rosto sempre pronto a ser modelado. Os lábios nunca abertos ou fechados sobre uma verdade.

A luz, para nós, não é violenta. Assassina. O sol, para nós, não se levanta nem se põe simplesmente. O dia e a noite se misturam ao nosso olhar. Nossos gestos. Nossos corpos. Estritamente falando, não temos sombra. Não corremos o risco, entre nós, de que uma ou outra seja um duplo mais obscuro. Quero permanecer noturna, e voltar a tocar em você a minha noite. Docemente luminosa. E não imagine, de forma alguma, que te quero brilhante como um farol. Dominante, altivo, o que te circunda. Separar a luz da noite equivale a renunciar à leveza de nossa mistura. A endurecer esses heterogêneos que nos fazem tão continuamente toda(s). A nos dividir em compartimentos estanques, a nos dissociar em partes, a nos cortar em duas, e mais. Enquanto somos sempre uma e outra, ao mesmo tempo. Não podemos nos distinguir assim. Sem cessar de nascer: toda(s). Sem limites nem bordas, a não ser as de nossos corpos em movimento.

E só podemos deixar de nos falar sob o efeito, para nós limitante em demasiado, de um relógio. Não te inquietes. Eu – continuo. Sem todas essas constrições de espaços e de tempos fabricados, eu – sem cessar – te abraço. Que outros nos transformem em fetiches, para nos separar, é problema deles. Não nos deixemos imobilizar nessas noções emprestadas.

E se, tantas vezes, eu insisto: *não, nem, sem...* é para te lembrar, para nos lembrar, de que nós só nos tocamos nuas. E que, para assim nos reencontrarmos, temos de nos despir de muitas coisas. Tantas representações, e aparências, nos afastam uma da outra. Durante tanto tempo eles nos enveloparam de acordo com seus desejos, nós nos adornamos com frequência para o prazer deles, que nos esquecemos da sensação da nossa própria pele. Fora da nossa pele, permanecemos distantes. Você e eu, separadas.

Você? Eu? Já é dizer demais. Cortando muito bruscamente entre nós: toda(s).

Os textos deste livro foram publicados pela primeira vez em:

"Le miroir, de l'autre côté". Em *Critique*, nº 309, fevereiro de 1973.

"Ce sexe qui n'en est pas un". Em *Cahiers du Grif*, nº 5.

"Retour sur la théorie psychanalytique". Em *Encyclopédie médico-chirurgicale, gynécologie*, 3-1973, 167 A-10.

"Pouvoir du discours/subordination du féminin". Em *Dialectiques*, nº 8.

"Così fan tutti". Em *Vel*, nº 2, agosto de 1975.

"La 'mécanique' des fluides". Em *L'Arc*, nº 38.

"Le marché des femmes". Em *Sessualità e política*, éd. Feltrinelli, 1976.

"Des marchandises entre elles". Em *La Quinzaine Littéraire*, nº 215, agosto de 1975.

"'Françaises', ne faites plus un effort...". Em *La Quinzaine Littéraire*, nº 238, agosto de 1976.

"Quand nos lévres se parlent". Em *Cahiers du Grif*, nº 12.